Marianne Fleischhack

Erfüllte Leben

INHALT

Schutzumschlag und Einbandgestaltung:
Gottfried Herrmann

Lizenzausgabe im Einvernehmen
mit der Evangelischen Verlagsanstalt Berlin
Alle Rechte vorbehalten
ISBN 3 7673 3162 4
Christliche Verlagsanstalt Konstanz 1972
Satz und Druck: Carl Marquart KG
Bindearbeiten: Walter Kabitzsch
beide Leipzig, DDR

Erfüllte Leben

Sechs Lebensbilder

Dargestellt von Marianne Fleischhack

Christliche Verlagsanstalt Konstanz

Karl Thylmann

„Wir verlieren keinen Streiter, unsere Toten helfen weiter."
Ein Ausspruch Karl Thylmanns, der für alle Streiter gilt, die
gekämpft haben, das Gute in der Welt zu wirken, um dem
Bösen zu wehren und um weiterzuhelfen, eine heile Welt zu
bauen. Er richtete diesen Zuspruch im ersten Weltkrieg an
den Vater eines gefallenen Kameraden. Es ist ein Wort, das
weit hinauswirkt über seine damalige Beziehung und das für
ihn selber von vornherein in übertragenem Sinne Bedeutung
hatte. Es gilt auch für sein eigenes Leben und für sein Werk,
das Aussagekraft genug besitzt, um in die Zukunft zu weisen.
Karl Thylmann, Grafiker und Lyriker, ist einer der Frühvoll-
endeten, Opfer der Sinnlosigkeit des Krieges. Eine Malerin
unserer Tage hat einmal ausgesprochen, daß es bedauerlich
sei, daß dieser Meister der Grafik – trotz seiner reichen Hinterlassenschaft an Werken – nicht genug Zeit gehabt habe,
seine großen Gaben voll zu entfalten. Thylmanns Lebensgefährtin aber hat es anders empfunden und drückt es anders
aus: „Nie habe ich sagen mögen: was hätte noch aus ihm werden können – oder, was hätte er noch schaffen können." –
„Es war für dieses Mal erfüllt."
Eine solche Haltung läßt sich wohl nur einnehmen mit einem
über der Vergänglichkeit des Diesseits stehenden Glauben an
eine Geistesgemeinschaft, die den Tod überdauert. Vielleicht
ist das, was der Dichter Thylmann in letzten Lebenstagen in
Versen aussprach, die Antwort, die er selber auf die Frage
nach der Erfüllung seines Lebens gegeben hätte:

Ewige Antwort

Nachtscharen, die an meine Schläfen tasten,
Sie können eben nicht mein Herz belasten,

Das – Ampel in krystallner Kathedrale –
Endlosen Strahl tauscht mit endlosem Strahle.

Tonwellen fangen lösend an zu schwingen.
Nichts rettet sich vor solchem Sphärensingen.
Der Dom schmilzt – alles nur *ein* gläsern Meer.
Vollkommnes Schweigen lauscht. *Nun redet Er.*

„Nun redet Er." Diese Erkenntnis spürt man den Grafiken
seiner Hand aus seinen letzten Lebensjahren ab.

Karl Thylmann wurde am 11. April des Jahres 1888 in Darmstadt als Sohn eines Oberlehrers, späteren Professors am Lehrerinnenseminar in Darmstadt, geboren. Eine hessische Familie mit alter Tradition – verschwistert und verschwägert in
ganz Hessen und gesichert in altem konventionellem Brauch
und gut bürgerlicher Sitte – bildete die Umwelt des neuen Fa-
miliengliedes. Das aber sollte einmal die Tradition durchbre-
chen und ganz neue Früchte bringen. Vorfahren, die sich zu
Künstlern oder Dichtern zählen könnten, hatte Thylmann
nicht. Förster und Jäger – Menschen, die den Wald liebten –
vermachten ihm wohl als Mitgift die grenzenlose Naturliebe.
Nicht weit zurück gehören auch Pfarrer zur Familie.
Obwohl Karl kein Einzelkind war, gelangte er doch nicht
recht zu geschwisterlicher Spielgemeinschaft, denn eine Schwester wurde fünf Jahre vor ihm geboren, und ein Bruder kam
fünf Jahre nach ihm zur Welt. Karl war ein Kind, das sich in
gutem Sinne selber genügte, das immer etwas mit sich anzufangen wußte. Als der Junge das Ludwig-Georg-Gymnasium in
Darmstadt besuchte, zeichnete sich der Hang, sich auf eigene
Weise zu beschäftigen, noch deutlicher ab. Daß er nicht überaus gern zur Schule ging, hinderte nicht, daß er ganz bewußt
alles an humanistischer Bildung aufnahm, was sie ihm vermittelte, um es jedoch durch ein für einen Schüler seltenes Maß an
Selbststudium zu vervollständigen. Ohne ein Außenseiter zu
werden, fühlte er sich nie so ganz als ein selbstverständlich in

die Klassengemeinschaft eingefügtes Glied. Er hatte auch keine Zeit zu Dingen, die die anderen als erstrebenswerte Interessen pflegten, weil ihn sehr früh schon manches beschäftigte, das sonst einem nur dem Tag lebenden Schuljungen nicht leicht in den Sinn kommt.

Er hatte Gefährten, mit denen er Zwiesprache hielt, denn in Bäumen und Buschwerk, in Wasserfällen und Gestein fand er seine „Kameraden“. Ihn erfüllte Liebe zur Natur, zur Schöpfung und ihren Geschöpfen. Daß er in dieser ganz eigenen Entfaltung der Sinne *einen* wirklichen Freund fand, war ein großes Geschenk für beide. Der spätere Komponist Wilhelm Petersen blieb ihm Lebensfreund. Es war gut, daß der Austausch mit diesem Gleichgesinnten den leicht in ein Übermaß geratenden Strom der Gefühle Karls oftmals in ruhigere Bahnen lenkte.

Die Reichhaltigkeit dessen, was menschliche Weisheit in frühen Jahrhunderten gedacht und niedergelegt hatte, zog ihn zunächst an. Mit erstaunlicher Beharrlichkeit und eminentem Fleiß vertiefte er sich in die alten Kulturen, in das Bildungserbe der ostasiatischen und indischen Völker. Er las in den „Veden“ und durchforschte die Weisheit des Brahmanentums. Der Sechzehnjährige übersetzte Ghaselen des persischen Mystikers Dschelal eddin Rumj aus dem Englischen ins Deutsche. Später – als Dreiundzwanzigjähriger – versah er dann eine Ausgabe davon mit Tuschzeichnungen. Kultur und Religion der Ägypter blieben ihm nicht fremd. Es war ziemlich ungewöhnlich, daß ein Schüler nicht nur den vorgeschriebenen Lernstoff aus dem Griechischen ins Deutsche übersetzte, sondern, wie Karl Thylmann, die griechischen Dichter und Philosophen im Urtext las, um die Schönheit ihrer Sprache nachzuerleben. Bei ihm ging es eben nicht nur um das Erfassen von Wissensstoff, sondern um das Einfühlen in philosophisches Denken und menschliches Empfinden über die Jahrhunderte. Das alles war bleibender Gewinn, denn ein außergewöhnliches Gedächtnis erlaubte ihm, solche Werte gewissermaßen in sich aufzuspeichern und sich zur Verfügung zu halten.

„Nie im Leben habe ich etwas so stilles, verwunschenes unauffindbares gesehen, so ein Stück Zauberwald, wie dieses Versteck. Es ist überhaupt wie ein greifbares Stück Kindertraum von mir. Hier muß es einfach wimmeln von seltsamen gutartigen Naturgeisterchen ... Ich bin wieder in der berauschenden Einsamkeit meines Waldverstecks. Nie in meinem Leben habe ich die Natur so allein mit sich selber gesehen" – so schreibt Karl Thylmann im Jahr 1913 an seine Braut, als er einige Maitage in seinem Kinderparadies Büdingen verleben konnte. Dieser Brief, nach Jahren geschrieben, deckt seine starke Verbundenheit mit diesem naturschönen Landstrich auf.

Im Oberhessischen, nicht weit von Darmstadt entfernt, liegt das Kreisstädtchen Büdingen. Dort war Karls Ferienheimat, in der er so glücklich war, daß ihn die Sehnsucht dahin nach Jahren noch umtrieb. In Büdingen wohnten die Großeltern. Da stand die alte Hofkirche, an der der Großvater predigte, da stand das Pfarrhaus, in dem die Großmutter werkte und die guten alten Sitten einer evangelischen Pfarrfamilie aufrechterhielt. Die alte „Thylmännin" war eine Frau mit Herz und Gemüt und dem Blick für das Wesentliche, auch für die Forderungen des Tages. Deshalb wußte sie immer das Große vor das Kleinliche zu stellen und so zurechtzurücken, daß das Große groß – das Kleine klein blieb. Über die Realitäten des Lebens hinaus aber hatte sie sich den Blick bewahrt für eine höhere Welt. Das sieht man dem Porträt an, das der Enkel mit achtzehn Jahren dann von dieser geliebten und verehrten Großmutter in einer Bleistiftskizze festgehalten hat. Die unbeabsichtigte Einwirkung eines solchen Vorbildes auf ein junges Gemüt ist kaum abzuschätzen.

Ausgedehnte Waldungen umgeben das Städtchen. In die Berge sind Schluchten eingegraben, und aus den Tiefen des

Gesteins quellen Bäche. Da streifte der Junge stunden- und tagelang allein umher, am liebsten, wo der Wald am dichtesten, die Natur unberührt geblieben waren. Dort verriet sie ihm ihre Geheimnisse von Werden und Vergehen, dort hörte er ihre Stimmen. Hier wurde er zum „Bruder der Bäume", wie man ihn später gern nannte. Lange konnte er in einer Waldblöße verweilen und das Naturleben dort im Sonnenglast des Sommers beobachten oder im Winter den Schlaf der Natur unter der Schneedecke nacherleben. Die Schönheit der hessischen Landschaft reizte den Schüler zum Zeichnen. Schon damals bewies er ein großes Talent darin. Von seinen frühen Werken ist nur etwa die Hälfte erhalten. Die heilsame Unzufriedenheit mit sich selber veranlaßte ihn, zu Beginn seiner Soldatenzeit viele Jugendarbeiten, die ihn künstlerisch nicht mehr befriedigten, zu vernichten.

Eines Tages – Karl Thylmann war sechzehn Jahre alt – wanderte er mit Schulkameraden. Am Rande einer weiten Wiese machten sie halt. Das tiefe Grün des Rasens war wie übersät von roten Mohnblumen. Als die anderen Jungen angesichts dieser Farbsymphonie in Grün und Rot in helle Begeisterung ausbrachen, mußte er mit Erschrecken feststellen, daß sein Auge diese Farben nicht aufnahm, daß er farbenblind war. Durch Jahre noch bedeutete ungestilltes Verlangen für ihn, was er sich erträumt hatte: das Schwelgen in Farben. Dieser Verzicht aber war vielleicht für ihn die Triebkraft, zu höchster Vollendung in der Schwarzweißkunst zu gelangen. Solche Erkenntnisse reifen im Menschen zumeist erst dann, wenn er Enttäuschungen überwunden und Entsagung angenommen hat. In seinen letzten Lebensjahren wußte Karl Thylmann, daß seine große Begabung im Holzschnitt vollkommen wurde, der ihm alle Aussagen gestattete, die er in seinem Werk geben wollte. Und das sollte dann einmal zur Krönung seines eigenständigen Schaffens werden. Zunächst gehörte auch er noch den jungen Menschen an, die im Anfang des

Jahrhunderts den Anstoß gaben zu Wende und Erneuerung auf allen Gebieten der Kunst – ohne selber schon das Neue heraufgeführt zu haben.

Der Achtzehnjährige legte das Abitur ab. Dem Wunsch des Vaters, daß Karl das Architekturstudium beginnen solle, stand der des Sohnes nicht entgegen. Er ging nach München und ließ sich immatrikulieren. Doch nach kurzer Zeit drängten die Begabung zum Zeichnen und das Verlangen nach der Kunst mit einer Nachdrücklichkeit hervor, die sich nicht eindämmen ließ. Das Talent erschien auch stark genug, die Lebensexistenz als freier Künstler zu gewährleisten.

Eine kleine Episode aus seinem Münchner Studentenleben macht nicht nur den Menschen Thylmann liebenswert, sondern schenkte außerdem eines der reizvollsten Werke aus der Frühzeit des jungen Grafikers: „Diesen Bilderdivan zeichnete Karl Thylmann während seiner Studienzeit. Er war oft zu Gast in einer Familie mit vielen Kindern. Um seine kleinen Freunde zu bändigen, zeichnete er für sie persische Märchenbilder. Gespannt sahen sie zu. Was er ihnen dazu erzählt hat, wissen wir nicht, aber vielleicht können wir es beim Betrachten der Bilder erraten" – so steht es dann im Vorspruch zur 3. Auflage von Karl Thylmanns persischem Bilderdivan „Gülistan".

Was der Grafiker nach dem ersten kühnen Hinwerfen der Bilder vor den Kinderaugen noch an Feinheiten in der vollendeten Ausführung in die vierzehn entzückenden Tuschzeichnungen hineingelegt hat, ist mehr als künstlerisches Ausgestalten, es ist Fabulieren mit der Tuschfeder. Diese erträumte Welt, mit beschwingter Heiterkeit und köstlichem Humor geschildert, bildet nun in vierzehn Blättern dieses Bilderbuch. „Gülistan" ist der „Rosengarten", Titel einer Dichtung des persischen Mystikers Saadj aus dem 13. Jahrhundert, der in seinem Werk erlebte und erfundene Reiseberichte gibt. Die Schwiegertochter Karl Thylmanns, Gotlinde Thylmann,

Karl Thylmann

hat später den Bildern Begleittexte beigegeben und so ein richtiges Märchenbuch gestaltet.

Der junge Student ließ nicht nach, sich die maßgeblichen technischen Handfertigkeiten der grafischen Kunst zu eigen zu machen, der Lithographie, der Radierung, des Kupferstichs. Während er das Talent, das einmal sein Leben geistig und existentiell unterbauen sollte, stetig fortbildete, suchte er auch mit seinem unermüdlichen Forschungstrieb nach neuen geistigen Erkenntnissen. Von Natur aus besaß der junge Thylmann starkes Empfinden, und so erscheint es ganz natürlich, daß er sich ebenso intensiv wie er sich als Schüler mit fremden Kulturen beschäftigt hatte, später mit dem deutschen Geistesleben befaßte. Seinem weit mehr gefühlsmäßigen als intellektuellen Temperament entspricht es durchaus, daß sich der Einundzwanzigjährige zunächst dem deutschen Mittelalter mit seinem mystischen Akzent zuwandte. In den Schriften Meister Eckhardts und in den vier Büchern „Von der Nachfolge Christi" des Dominikanerpredigers an der Wende des 12. zum 13. Jahrhundert, Thomas von Kempen, begegnete er der Sehnsucht nach dem ewigen Leben, die auch ihn ständig begleitete.
Den nachhaltigsten Eindruck machten ihm die Schriften des Görlitzer Schuhmachermeisters Jakob Böhme. Die Gedanken, mit denen Jakob Böhme zwölf Jahre umging, beschäftigten auch den jungen Thylmann. Was dem Mystiker in einem Augenblick der Erleuchtung zufiel, ohne daß er es auf dem Wege der Philosophie und Wissenschaft gesucht hatte, das erkämpfte sich Karl Thylmann mit unermüdlicher geistiger Mühe, indem er Religionen und Weisheitslehren durchforschte, wo er sie fand, um dann zu dem gleichen Bekenntnis zu gelangen, wie es Jakob Böhme in einem Brief niedergeschrieben hat:
„Von dem göttlichen Mysterio etwas zu wissen habe ich niemals begehrt, viel weniger verstanden, wie ich es suchen oder finden möchte. Wußte auch nichts davon, als der Laien Art in

ihrer Einfalt ist. Ich suchte alleine das Herze Jesu Christi, mich darinnen zu verbergen vor dem grimmigen Zorn Gottes und den Angriffen des Teufels. In solchem gar ernstlichen Suchen und Begehren ... ist mir die Pforte eröffnet worden, daß ich in einer Viertelstunde mehr gesehen und gewußt habe, als wenn ich wäre viel Jahre auf hohen Schulen gewesen, dessen ich mich hoch verwunderte, wußte nicht, wie mir geschah, und darüber mein Herz ins Lob Gottes wendete. Denn ich sah und erkannte das Wesen aller Wesen, den Grund und Urgrund."

Auch Karl Thylmann hat solche Erfahrung auf seine Weise gemacht und spricht sie in den Schlußversen eines Gedichtes aus:

Verlangen der Zeit

. . . . .

Wie du unerhörte Ströme
Himmlischer Musik verliehst
Dem Geweihten Jakob Böhme,
Dessen Licht durch viele fließt:

So erleuchte, Gott, den Reinen,
Der, was schläft, lebendig macht,
Der nach schwülen Wetterscheinen
Blitze ruft aus schwangrer Nacht.

Ob uns gnadenvoll betäubten
Streitern wallt das Banner schon,
Unsichtbar. – Zu unsern Häupten
Blickt ein Strahlenhaupt, der Sohn.

Der Mystiker ist wie ein unsichtbarer Begleiter mit dem Grafiker gegangen bis an dessen Lebensende. Er wurde ihm oftmals Helfer, um über Anfechtungen, die ihn bedrängten, zur Gelassenheit zu gelangen.

Der große Falter

„Claustal, 28. Juni 1916

Ich lese mit immer tieferer Ergriffenheit in Böhme. Dieses Buch ist mir auch so richtig in die Hände gespielt worden. Auf einem Münchner Jahrmarkt gefunden und sieben Jahre lang immer angefangen und nie begriffen. Wie liebe und verehre ich es jetzt. Und wie in der Bibel findet man nie ein Ende, immer neue Abgründe und Lichtschächte darin."

Der Seidenbandwirker und Erweckungsprediger des 18. Jahrhunderts, Gerhard Tersteegen, dessen innige, fromme Lyrik zu dem Schönsten gehört, was deutsche Dichtung aufzuweisen hat, rührte mit seinen geistlichen Liedern gleicherweise wie die Sinnsprüche eines Angelus Silesius verwandte Saiten in dem Dichter Thylmann an. Auch ihm war eine Ausdrucksmöglichkeit im lyrischen Wort gegeben.

Die frühen Jahrhunderte deutscher Geisteskultur konnten freilich diesen befähigten Menschen, der universal zu denken und zu empfinden vermochte, nicht allein fesseln. Sein eigenständiger Bildungsweg führte ihn daher aus dem legendenreichen Orient und dem deutschen Mittelalter zu den Romantikern des 19. Jahrhunderts und in die dichterisch realere Welt der Klassiker. Goethes Philosophie und Poesie luden ihn nicht nur zum Studieren, sondern später auch zum Illustrieren ein. Es entspricht Thylmann ganz und gar, daß er sich gerade Goethes „Urworte, Orphisch" aussuchte und sie im Jahr 1912 mit fünf Tuschzeichnungen – Ornamenten voller Phantasie und Schwung in der Linienführung – ausstattete.

Karl Thylmann hatte – dreiundzwanzigjährig und seiner selbst bewußt – den Entschluß zum freien Künstlertum gefaßt. Da bot sich ihm Gelegenheit, eine Studienreise nach Italien zu unternehmen. Nach mehrmonatigem Aufenthalt in Florenz und Rom in den Jahren 1911 und 1912 brachte er eine Fülle von Landschaftsbildern als Lithographien, Radierungen und Zeichnungen nach Hause. Es sind die Beweise dafür, wie sich dem jungen Maler im Naturleben die Schönheiten des Südens erschlossen.

Aber das Malerparadies Italien konnte dem in der heimatlichen Natur bereits so Verwurzelten nichts von dieser Urständigkeit rauben. Seine Liebe gehörte der deutschen Landschaft und fand in vielen Darstellungen ein Zeugnis. Es muß ein Schaffen, nicht nur aus der schöpferischen Kraft, die zur Auswirkung kommen wollte, sondern auch mit dem kolossalen Fleiß der Hand gewesen sein. Motive boten sich vielfältig an in einer zarten „Frühlingslandschaft", in einer scheinbar leblosen „Schlucht" oder auch in einem einzelnen „kahlen Apfelbäumchen". Nicht immer suchte er sich Vorbilder im Erhabenen. Gerade die unscheinbaren Dinge reizten ihn oftmals zum Gestalten.

Darin begegnet er sich mit dem Dichter und Maler Adalbert Stifter, der einmal aussagt: „Das Wehen der Luft, das Rieseln des Wassers, das Wachsen des Getreides, das Wogen des Meeres, das Grünen der Erde, das Glänzen des Himmels, das Schimmern der Gestirne halte ich für groß: das prächtig einherziehende Gewitter, den Blitz, welcher Häuser spaltet, den Sturm, der die Brandung treibt, den feuerspeienden Berg, das Erdbeben, welches Länder verschüttet, halte ich nicht für größer als obige Erscheinungen, ja, ich halte sie für kleiner, weil sie nur Wirkungen viel höherer Gesetze sind."

„München, 4. Februar 1913
. . . . .

Jetzt bin ich direkt am Fluß, auf dem Geröll und phantastisch unterhöhlten Sandbänken. Und überall taumeln die Möwenschwärme. – Hier ist es absolut einsam. Niemals kommt ein Gebildeter hierher. – Und hier das erste silberne Frühlingskätzchen, welches ich Dir pflückte. – Ich gehe und wate jetzt schon vier Stunden lang weiter. Allmählich muß ich an die Rückkehr denken. O wie wundervoll wohltuend die längere direkte Berührung mit der Natur ist. – Jetzt ist alles Sonne, der Himmel ist hell und gereinigt. – Ich habe die zwei letzten Briefe gelesen und war ganz in Dir. Ich blicke auf von meinem Uferpfad. Der Himmel ist golden rein und färbt den Strom. Hier ist ein rauschender niederer Wasserfall, drüben die Bäume sind ein unendlich zartes Filigran, sie verädern sich in den Luftraum. Mir ist die Brust übervoll . . ."

Was in diesem und vielen anderen Briefen Thylmanns an seine Braut an Naturerlebnis und Naturliebe spürbar wird, das hat der Künstler dann mit dem Zeichenstift ausgedeutet. Auch in einer Reihe seiner Landschaftsbilder ist sein Weg

vom Jugendstil – dem der „Gülistan" angehört – erkennbar. Der Grafiker vereinte in seiner Kunst Schauen und Erleben. Er betrachtete die Natur mit dem objektiven Blick des Malers, aber sein Empfinden vertiefte sich dabei so lange in das Wesen eines Waldstückes, eines Wiesenhanges, bis sich ihm ihr inneres Leben erschloß und er gewissermaßen eine innige Verschwisterung mit ihnen einging. Er legte dieses Erlebnis dann in seine Zeichnungen, ohne sich jedoch über die von der Natur gegebenen Formen hinwegzusetzen. Dazu ließ er sich von der Phantasie nicht verleiten. Die Fähigkeit des Hineinlauschens verleiht den Landschaftsdarstellungen die starke Ausdruckskraft. Es war kein Abzeichnen, sondern ein Gestalten. Wie er die Natur sah, erlebte und wiedergab, drückt eines seiner Gedichte sehr beredt aus:

Schlucht

Wie es herläuft,
Helles Wasser durch die Waldschlucht!
Schattenströme mischen sich von oben
Ins Geschlängel durch den Mooshang.
In unendliches Grün getaucht
Kreuzen trunkne Vögel pfeifend
Und erfrischen die Schwingen
Flüchtig an des Wasserfalls
Regenbogenspiel.

Neben im perlmutternen Dunkel
Zottiger Eschen tönt Gerausch:
Morgenwaldwind rauscht im Einhall
Mit dem Schäumen
Weißer Strudelgewässer
Und der Lust-Melodie
Spielend tätiger Elfenschar,
Die an reinen Dolden formt
Und im Gebüsch sich tummelt.

Flieht nicht, ihr Beseeler
Dieser lieblichen Klüfte, nicht
Wollt ich euer Ergötzen stören.
Bleibet, ein Liebender
Freut sich eures Wirkens!

Auch in Karl Thylmanns Porträtzeichnungen beeindruckt die präzise Klarheit im Sichtbaren. Jedes seiner Bildnisse in den verschiedenen Schwarzweißtechniken zeigt – von den Selbstporträts an – die charakteristischen Züge des dargestellten Menschen, zeigt sie in der natürlichen Wiedergabe ihres Äußeren. Das für den Grafiker Kennzeichnende aber ist, daß sich daneben auch das Geheimnis des geistigen Wesens der Persönlichkeit dem Betrachter offenbart.

Nach seiner Italienreise ging der Grafiker bewußt seinen vorgesetzten Weg und bildete sich ohne Kunstschule autodidaktisch in Berlin in den verschiedenen Zweigen der Schwarzweißkunst weiter. Bald machte er sich einen Namen als ein einfallsreicher Illustrator. Bedeutende Verlage wurden auf ihn aufmerksam und erteilten ihm Aufträge, so daß diese Seite seiner Begabung einmal wirtschaftliche Lebenssicherung zu werden versprach. Es erschienen buchkünstlerisch gepflegte Ausgaben von Werken verschiedener Romantiker, z. B. von Jean Pauls „Feldprediger Schmelzle", mit Kupferstichen ausgestattet, Wielands „Prinz Biribinker" mit Radierungen. Wie sich seine Gedankenrichtung immer wieder gern dem Übersinnlichen zuwandte, so bevorzugte er auch bei der Bebilderung literarische Werke solchen Inhalts. Die Lithographien zu E. T. A. Hoffmanns „Goldenem Topf" hielt er selber für „seine glücklichste Illustration". Noch in seinem letzten Lebensjahr beschäftigte ihn Nikolai Gogols „Zauberer". Die phantasievollen Holzschnitte dazu bilden eine eingefühlte Ergänzung zu dem nicht weniger phantastischen Inhalt der Dichtung.

„Ich habe zwei entzückende Zimmerchen mit dem Blick in eine Gartenwipfelwildnis und in alte Giebelchen. – Ich freue mich rasend auf die Arbeit am ‚Bonaventura‘. –
O, wie da unten in dem Gärtchen schon an dem einen Baum die dicken Knospen saftig-klebrig glänzen, richtig strahlen, wie ein Ring im Sonnenschein. Es ist herrlich. Überhaupt der Blick aus den Fenstern. Ich sehe gerade ein Stück von der dreckigen Seifengasse, wo Goethe zuerst zwei Jahre lang gewohnt hat, direkt bei den Schloßbauten. Es ist alles so simpel und sympathisch. Die Vögel in den Bäumen sind wunderhübsch, manchmal steigt eine weiße Katze, nach ihnen hungrig, in den Ästen. – O, es ist alles so schön hier!", so schreibt der vom Verlag Kiepenheuer nach Weimar Berufene Anfang des Jahres 1914 an seine Braut. Weimar hätte Lebensstellung und Heimat werden und zu einer glücklichen Entwicklung führen können. Das verhinderte der Ausbruch des ersten Weltkrieges.

Karl Thylmann war ein Maler auch mit Worten. Seine lyrischen Gedichte zeigten eindrücklich die Doppelbegabung, wenn wohl auch der Grafiker über dem Dichter steht. Im immer strebenden Bemühen um Vollkommenheit hat er den meisten seiner Verse erst im Jahr 1915 die endgültige Form gegeben. Seine kurze Lebenszeit hat ihm genügt, mit beiden Pfunden zu wuchern. Auch seine oft eigenwilligen Gedichte wurzeln immer im eigenen Erleben. Und sein Empfinden ging in eine Tiefe, in die ihm nicht immer leicht zu folgen ist. Sein Denken war vom Suchen, Zweifeln, Finden und Wiederverlieren durchfurcht. Er war gewissermaßen immer auf dem Wege:

> „Gott, wir schrein nach einem Künder
> Deiner Glorie; unsre Zeit
> Sehnt sich nach dem Glutentzünder.
> Sind wir nicht genug bereit?" –

Einen Band mit annähernd sechzig Gedichten, „Die Furt", bereitete er selber druckfertig vor. Seine Frau Joanna gab sie nach seinem Tod mit von ihr eigens hergestellten Handdrucken seiner Grafiken heraus. Weitere Lyrik, Liebes- und Naturverse, stellte der Dichter noch handschriftlich zusammen.

„Darmstadt   1. Januar 1914

Um Mitternacht stand ich am eiskalten offenen Fenster in den Mantel gehüllt und sah zum Orion hinauf und hörte das grandiose Wogen der Glocken und war ganz bei Dir. Ich finde, man kann das Jahr eigentlich gar nicht anders antreten als am offenen Fenster oder ganz im Freien, zu den Sternen hinaufsehend oder auf die Glocken hörend. Ich dachte nur immer ‚unser Jahr beginnt‘, ich dachte, daß wir uns in dem Jahr so Gott will, für immer zueinander tun und alles teilen werden. Ich muß bald auf immer bei Dir sein, weil Du mir helfen mußt, helfen und schenken, damit ich allmählich immer mehr Deiner Liebe würdig werde. Gönne mir's doch, daß ich zu Dir aufblicke und mich beschenken lasse, alles, was Du mir schenkst, macht mich freier, größer, besser. – Und ich kann nicht mehr als hoffen, daß es von mir zu Dir gerade so ist."

Als der junge Grafiker im Jahr 1912 in Berlin die Schauspielerin Joanna Koops kennengelernt hatte, fand er damit den Lebenskameraden, dessen er bedurfte; war er doch stetig umgetrieben vom Suchen nach den Werten, die seinem Leben einen Sinn geben sollten. Nicht nur als Künstler rang er nach Gotteserkenntnis, um sie im Bild weitersagen zu können.
Es berührt so sympathisch, daß dieser Meister der Grafik auch als Mensch stetig an der Läuterung seines Wesens arbeitete. Nicht jeder Künstler findet sich zu dieser doppelten Forderung an sich selber bereit. Er wußte darum, daß sein stürmisches Temperament oftmals mit ihm durchging: „Es ist schrecklich, wie bei mir immer alles gleich so maßlos ist.

Simeon

Sehnsucht, Verlangen oder Qual oder was es ist, es knirscht immer gleich und knackt und krümmt sich. Ich bin wie der Teich Bethesda, der immer in unerhörte Wallungen gerät und schäumt, wenn der Engel ihn aufrührt."

Nun aber hatte er die Frau an seiner Seite, die ruhig, gelassen über den Dingen stand, aber gleicherweise von dem Drang besessen war, ihre Lebensaufgabe ganz zu erfassen und sinnvoll zu erfüllen. Schwierigkeiten des Daseins und den Anfechtungen im eigenen Wesen, setzte sie eine sichere innere Haltung entgegen. Und das wurde auch für die Künstlernatur zum festen Halt: „Meine Persönlichkeit hat eigentlich erst durch Dich begonnen, sich etwas zu kristallisieren. Ich fühle mich gereinigt in meinem ganzen Wunschleben, seit ich alles zu Deiner Ehre tue."

Mit ihrer fraulichen Reife vermochte Joanna den gleichaltrigen Mann zu tragen und zu bergen und brachte ihn auf solche Weise unbewußt – und ohne Führungsanspruch – den hohen Zielen näher, denen sein Menschtum und sein Künstlertum zustrebten. Es war ein gemeinsames Voranschreiten, ein gemeinsames Eindringen in die Geheimnisse der sichtbaren und unsichtbaren Welt. Eine innige Liebe, die von Anfang an auf den Grundton geistiger Gemeinschaft gestimmt war, verband sie beide.

Joanna Koops war Holländerin, in Den Helder, dem kleinen nördlichsten Marinehafen der Provinz Noordholland am 27. April 1888 als Tochter eines Marineoffiziers geboren. Es war das gleiche Jahr, sogar derselbe Monat, in dem auch Karl Thylmann zur Welt gekommen war; deshalb kann sie mit Fug und Recht neckisch behaupten, daß ihr Mann – am 11. April geboren – einmal sechzehnmal so alt war wie sie! Nachdem sie die Jungens-Oberrealschule in Amsterdam besucht hatte, studierte sie Philosophie und Französisch. Ehe sie aber zum Abschluß kam, wurde ihr außergewöhnliches Talent zur Schauspielerin entdeckt. Auf der Max-Reinhardt-

Theaterschule in Berlin konnte sie ihrer Begabung die notwendigen Kenntnisse hinzufügen, und nach ihrer ersten, kleineren Rolle – bereits nach einem Jahr – am Goethe-Theater in Lauchstädt standen ihr die Bühnen von Bremen, Frankfurt, Hamburg und Berlin offen.

Eine kleine Episode, die sich derzeit in Bremen zutrug, soll weniger ihrer vergnüglichen Seite wegen hier stehen, als deutlich machen, daß Karl Thylmann immer zuerst Künstler war und sich durch äußere Widerstände nicht leicht von seinem außerordentlichen Schaffensdrang ablenken ließ. Joanna sollte ihre erste große Rolle spielen. Er war nach Bremen gekommen, sie zu sehen und zu hören. Nachdem sie die Wohnung verlassen hatte, um sich im Theater zum Auftreten vorzubereiten, gingen auch die jungen Leute, bei denen sie eingemietet war, aus der Wohnung und schlossen sie ab und – ihn damit ein. Während „sie sich die Seele aus dem Leib" spielte in der Annahme, daß „er" im Zuschauerraum säße, zeichnete der ganz gewiß Enttäuschte, aber von dieser Tücke eines Mißverständnisses nicht Überwundene den „Träumenden Propheten", den er dann 1914 als Lithographie ausführte.

Joanna wurde ihm auch Gefährtin auf dem Glaubensweg, den sie sich beide erkämpften, ehe sie die Probe auf die Wahrhaftigkeit ihres Christenstandes ablegten. Diesem Gleichschritt dankten sie die Sicherung ihrer geistigen Existenz. Ein solcher Glaube aber ist immer noch leichter erworben in guten Tagen als gehalten in den Tagen, die nicht gefallen. Diese beiden Menschen haben bestanden, er in den harten Prüfungen seiner Soldatenzeit, sie in den Jahren des Alleinseins.

Karl Thylmann kam aus der Tradition des evangelischen Elternhauses. Sein Vater war ja der Sohn des Büdinger Pfarrers. Aber dieses Erbgut war verschüttet, und er mußte sich sein Christsein neu erwerben. Der Weg dahin ging sowohl bei ihm als auch bei Joanna – schon ehe sie sich zur Partnerschaft des Lebens bestimmt fühlten – unabhängig voneinander über die anthroposophischen Lehren Rudolf Steiners, die ihnen tiefen Eindruck machten. Durch sie kam der junge Grafiker zur Bibel. Er las sie nicht nur eingehend, er fing an, mit ihr zu leben und hielt an den Verheißungen Alten und Neuen Testaments fest. Auf diesen Glauben gründete er seine Abwehr gegen das Böse und sein Bemühen um die letzte Wahrheit in Christus.

Abendmahl

   . . . Dein Blut, Herr,
      Dein Blut, Erlöser,
      Kreist in meinen Adern.

   . . . Dein Fleisch, Herr,
      Dein Fleisch, Erlöser,
      Habe ich in mich genommen
      Als lebendigen Keim
      Der neuen Erde.

   . . . Was bin ich nun?
      Dein geschworener Streiter.
      Blutsbruder, begnade, begnade mich!

Es muß eine eindringliche Heimsuchung gewesen sein, wenn der junge Thylmann noch im Frühjahr 1914 an seine Braut schreibt, daß er die „*Abendmahlslegende* in den Evangelien gelesen und dann lange den Leonardo-Christus betrachtet habe, den Kopf, der die Abendmahlworte ausspricht". Ein Jahr später fühlte er sich bereit, am Abendmahl teilzunehmen; es bedeutet von da an für ihn stärkste Glaubensbindung und die größte Glaubensverheißung. Der evangelische Pfarrer, in dessen Kirche er am Tisch des Herrn gestanden hatte, war ihm zum Freund geworden.
Karl Thylmann hat es sich mit Gott nicht leicht gemacht, oft

hat er an der Furt gestanden und mit dem Jakobsengel gerungen: „Ich lasse dich nicht, du segnest mich denn" – so wie
er es in einer eindrücklichen Grafik darstellt. Thylmann wußte
etwas davon, daß der Teufel gerade dem Menschen, der zu
Gott hin will, Knüppel zwischen die Beine wirft und große
Steine in den Weg legt. Er rechnete damit und fand doch den
einzigen Ausweg: „Ein unangefochtenes Leben in der Abgeschiedenheit von Gott wäre noch schlimmer." In Anfechtungen, die ihm aus der eigenen Natur kamen, und in solchen von
außen her suchte er immer zu bestehen, indem er sie als Gottes Ruf an ihn nahm: „Jedenfalls habe ich doch das tröstliche
Gefühl, daß Gott anfängt, Ernst mit mir zu machen." Von
einer sicheren, selbstzufriedenen Frömmigkeit wußte er nichts.
Joanna Koops brachte gar nichts mit an christlicher Tradition.
Ihr Vater war, zwar evangelischer Herkunft, später zum Frei-
denker geworden. Auf dem weiten Weg über das Kap der
Guten Hoffnung war er einst mit einem Segelschiff nach In-
dien und Indonesien gefahren. Von dort hatte er sich dann
seine Lebensgefährtin mitgebracht. Die Mutter war in Indonesien geboren und hatte da keine Verbindung mit einer
Kirche gefunden. Als die Familie später in Holland ansässig
wurde, nahm sie auch dort nicht am kirchlichen Leben teil.
Ein zugleich rührendes und amüsantes Kindererlebnis – von
Frau Joanna Thylmann im Alter selber erzählt – schildert ihre
erste Begegnung mit Gott:
„Ich kannte Weihnachten früher nicht. Wir feierten das Niko-
lasfest in Holland, abends am 5. Dezember mit viel Spaß und
Überraschungen, Lachen und Gemütlichkeit – aber was dann
die zwei Feiertage hinterher bedeuten sollten, das wußte ich
nicht. *Ein* Sonntag war schon langweilig genug, aber zwei
Sonntage hintereinander? Ich guckte, zwölfjährig, auf den Ka-
lender, was das zu bedeuten hätte. Da stand ‚1. Kerstdag.
2. Kerstdag'. Da dachte ich (Kers heißt Kirsche!), da kann
doch was nicht stimmen? Kirschen gibt es doch nicht im Winter! Und ich fragte unser Dienstmädchen. Die schlug die

Hände über dem Kopf zusammen: ‚Kind, das weißt Du nicht? Da ist doch unser Herrgott geboren!' Ich ging dann hinauf in mein Schlafzimmer – ließ den Vorhang hinunter, damit niemand hereinschauen konnte (in Holland sind immer die Vorhänge auf, man kann durch die Häuser hindurchsehen wie durch Kristall – das gehört sich, denn sonst hätte man was zu verbergen! Nur beim Todesfall sind die Vorhänge zu – dann weiß man, warum) –, und stellte mich aufrecht in die Mitte des Zimmers hin, wie ich von Soldaten die Ehrfurchtshaltung gesehen hatte. Dann sagte ich leise (auf Deutsch übersetzt – auf Holländisch klingt es noch komischer!) ‚Herrgott, wenn es Sie gibt – dann gratuliere ich Ihnen zu Ihrem Geburtstag'. Dabei wurde mir sehr feierlich zumute. Aber dann klang das wieder ab, und ernüchtert zog ich den Vorhang wieder hoch. Das war mein erstes Gebet."

Was damals im Unbewußten aufklang: *wenn* es Gott gibt, das wurde zu der unantastbaren Gewißheit: *daß* es Gott gibt. Als das junge Mädchen dann mit zwanzig Jahren nach Deutschland kam, empfand es dankbar, „wie schön es war, so von einer Entdeckung in die andere hineinwachsen zu dürfen": „Ich kam aus dem Nichts in die ganze Licht- und Liebesfülle, die mich dann nie wieder verließ."

Am 23. Juli 1914, kurz vor dem Ausbruch des Krieges, wurden Joanna Koops und Karl Thylmann unter Bachklängen der Orgel in der evangelischen Kirche in Haarlem getraut. Sie verlebten dann dort ein paar ruhige Wochen bei Joannas Vater. Der tägliche Gang Karls zum deutschen Konsulat bedeutete für beide jedesmal eine Nervenprobe. Am 12. August wurde dann dem Wehrpflichtigen Thylmann die Heimreise nach Deutschland befohlen. Seine Frau konnte erst am 28. August auf mühseligem Wege Darmstadt erreichen, wo sie das Elternhaus ihres Mannes aufsuchte. Da blieb die junge Frau, als Karl im Februar 1915 eingezogen wurde; dort ist auch ihr Sohn Andreas am Sonntag Jubilate des Jahres 1915 geboren. Der Soldat Thylmann lag nach der Ausbildung noch lange Zeit in Garnison. Immer wieder verschob sich der Ausmarsch der Truppe.

Für den sensiblen Künstler wurde das Kasernenleben eine Pein. Der damalige militärische Drill, der rauhe Kasernenton quälten ihn mehr als das Wissen um den Verlust an Zeit, der seinem fieberhaften Drang zum Gestalten so hemmend war. Seine Ideen und Pläne bedrängten ihn. Manchmal brachte es ihn dem Verzweifeln nahe.

Daß er sich dennoch seinen Schaffenswillen nicht ganz lähmen ließ, ist Zeugnis dafür, daß er um seine Berufung wußte. Denn gerade in diesen letzten achtzehn Monaten seines Lebens ist seine Arbeit reich gesegnet. Hier hat Gott geschenkt im Entsagenmüssen. Unter den härtesten äußeren Bedingungen, ohne eine tragende Atmosphäre und Umgebung schuf der Künstler seine reifsten Werke. Schon etwa zwei Jahre zuvor hatte er zum Schnitzmesser und Holzstock gegriffen und erkannt, daß dieses Material ihm die größte Ausdrucksmöglichkeit gewährte: Vollendung seiner Kunst im Holzschnitt: „Das Holzschneiden ermöglicht eine so schöne, freundliche Vertiefung in die Dinge, die man liebt." Aber nicht allein das Material führte ihn auf die Höhe seines grafischen Schaffens, es war auch der Stoff, der sich ihm nicht nur bot, sondern zu dem ihn sein eigenes Herz immer wieder hindrängte. Ohne daß er eigentlich zu den religiösen Künstlern der Neuzeit zu rechnen ist, die von vornherein ihr Thema in sakraler Richtung suchten, bilden seine biblischen Holzschnitte doch den Höhepunkt seines genialen Schaffens. Sie sind sichtbare Beweise für die innere und die künstlerische Reife Karl Thylmanns.

Im November 1915 schrieb er an seine Frau: „Die Welt hat sich an den Krieg gewöhnt, es gibt nie wieder Frieden..." Das war die äußere Situation, in der er stand. „Später habe ich in den Psalmen gelesen: ‚Herr sei mir gnädig, denn mir ist angst.'" Das war seine innere Haltung. Die Holzschnitte „Johannes der Täufer", „Lazarus", „Simeon" mit dem Jesuskind, die „Taufe Jesu" und viele andere Darstellungen aus dem Leben Jesu entstanden in dieser Zeit.

Was ihm Jahre des Prüfens und Fragens an biblischem Verständnis vermittelt hatten, dem verlieh er jetzt künstlerischen Ausdruck. Er suchte die Themen nicht, sie überwältigten ihn. So ist sein Werk auch Zeugnis für seine Glaubenserkenntnis geworden. Was er in seiner letzten Lebenszeit in seine Holzschnitte mit Motiven aus dem Alten und dem Neuen Testament hineinlegte, das ist das Bekenntnis eines Menschen, der ehrlich gerungen hat um Gotteskindschaft. Er fühlte sich von Gott in der eindringlichen Weise angesprochen, wie er den „Jungen Propheten" in einer Grafik vom Jahr 1916 den Mund auftun und rufen läßt. Er selber war der Mensch, der sich von Christus ergriffen fühlte wie der „Aussätzige", dessen Heilung er auf einem seiner ergreifenden Holzschnitte schildert. Er selber war der, der sich dann aber auch in die Geborgenheit bei Jesus hineinnehmen ließ. Sein eigenes Vertrauen wohl hat er dem „Christus auf den Wellen", einer Arbeit von ganz eigenständiger Auffassung, aufgeprägt, denn so hatte er den Gottessohn selber erfahren.

Sein „Johannes auf Patmos" zeigt den Evangelisten in der vollkommenen Hingabe an Gott und zugleich in der Gelassenheit des ganz zum Werkzeug Gottes gewordenen Menschen. Sein letztes Holzschnittwerk ist eine packende Darstellung: „Geblendeter", zu der „Hiob" Vorbild war, eine Aussage von der leidenschaftlichen Sehnsucht des Menschen nach dem Licht von oben. Kurz bevor dann der Truppenteil, dem Thylmann angehörte, ins Feld ausrückte, spürte er wohl etwas davon, daß zunächst das ihm aufgetragene Lebenswerk zu seinem Abschluß gelangt war. Was kommen würde, erwartete er mit Ergebung.

„Goslar, 18. Juni 1916

... Mit den Arbeiten habe ich jetzt abgeschlossen und stehe augenblicklich leer, offen für etwaige nie erlebte und hoffentlich fruchtbare Erschütterungen. Das ist mein einziger Trost: daß vielleicht auch diese höllischen Erlebnisse mir zum Besten dienen können, wenn ich auch keinen Anspruch darauf machen kann, zu denen gezählt zu werden, die Gott lieben, soweit bin ich noch lange nicht."

Ein umfangreicher Briefwechsel verband die getrennten Eheleute. Karl Thylmanns Briefe sind oft von poetischem Wortlaut und geprägt von starkem seelischem Erleben, sie charakterisieren deshalb seine Persönlichkeit. Joannas Antworten waren das Echo, das ihn „tröstete – ganz tief über den Sinn der Leidenszeit, wenn sie diese auch nicht erleichtern".
Am 1. Januar 1916 schrieb die junge Mutter dem in Goslar in Garnison Stehenden das Gebet für die, die noch nichts von Krieg und Machtgelüsten wußten:

>Gott von Himmel und Erden
>laß es Friede werden.
>Nicht für uns – die Sünder –
>für die kleinen Kinder
>mit den reinen Herzen,
>ohne Schuld und Schmerzen,
>daß sie neu gestalten
>aus den Urgewalten,
>was im trägen Blute
>dir verloren ging.

Diese beiden Menschen ersehnten den Frieden für sich selber so heiß, wie sie das ganze Kriegsgeschehen für ein verderbliches Werk der Menschheit erachteten.

„Pfeddersheim, 19. März 1915
Manchmal scheint es mir doch möglich, daß ich falle. Besonders beinahe, wenn ich unsere Liebe ansehe. Ich fühle meine Liebe jetzt erst richtig reif geworden über den Tod zu trium-

phieren. Alles in einem wunderbaren Bogen zu seinem Ausgangspunkt zurückgekehrt, aber auf einem unendlich höheren Plan. Dann würde Andreas Dein Leben teilen."

Ende Juli 1916 kam dann das letzte harte Abschiednehmen. Joanna hatte ihn noch einmal besucht. Karl Thylmann kam an die Front vor Verdun und zog aus mit dem tröstlichen Bewußtsein, daß er bei allem Schweren immer von den Gebeten und Gedanken der ihn Liebenden umgeben war. „Was auch jetzt kommt, ich nehme es als von Gott gesandt. Ich nehme ‚nichts als' die Bibel mit."

Das Wissen um die Unmittelbarkeit des Todes und das Rechnen mit seiner unabweisbaren Möglichkeit wechselten mit der dennoch starken Hoffnung auf die Heimkehr zu Frau und Kind. Auch da draußen angesichts der Erschütterungen, die jeder Tag brachte, suchte der Soldat Thylmann die Einsamkeit, sooft es ihm möglich war. So gelangte er einmal in „ein winziges, unter rauschenden Pappeln verstecktes Marienkapellchen mit einer rührend steifen Gottesmutter mit dem Kind und einer Kerze davor": „. . . Da kniete ich in dem Betstuhl eines Mr. Lefébre und wagte Gott um unsere baldige endliche Vereinigung und ein gemeinsames Leben zu seinem Lobe anzuflehen." Selbst im Feld verließen ihn sein Schaffensdrang, sein Hunger nach der Kunst nicht. Es waren ihm freilich nur Bleistiftzeichnungen möglich.

Anfang August erlitt er beim ersten Vorgehen seiner Truppe eine schwere Verwundung. Joanna durfte im Reservelazarett Groß-Auheim bei Hanau in seinen letzten Tagen bei ihm sein. In Fieberphantasien zeichnete er den ganzen Tag und wußte es nicht, daß nur ein einziger Strich über das Blatt lief, das er dann seiner Lebenskameradin hinreichte. Nach anfänglicher Hoffnung auf Heilung und nach einer Operation verstarb Karl Thylmann am 29. August 1916, achtundzwanzig Jahre alt.

Johannes auf Patmos

„Es war für dieses Mal erfüllt." Unter diesem Leitgedanken hat Karl Thylmanns Lebensgefährtin das Erbe seines Meisterwerkes angetreten, hat dieses Erbe nicht nur gewahrt, sondern hat es lebendig erhalten und fruchtbar gemacht. Heute ruht die Pflege vor allem in den Händen des Sohnes, des Arztes Andreas Thylmann, und der geistvollen Schwiegertochter, die an der Herausgabe einer Gesamtausgabe des grafischen und literarischen Schaffens arbeitet, dem sie bereits im „Gülistan-Verlag" in Stuttgart eine Heimat gegeben hat.

Die ersten Schritte, dem Lebenswerk von Karl Thylmann die Zukunft zu sichern, mußte Frau Thylmann selber tun. Allein bewältigte sie die vorbereitenden Arbeiten zu einer Gedächtnisausstellung in Darmstadt im Jahr 1916. Sie gab die handgeschriebenen Gedichte faksimiliert mit den damit in Verbindung stehenden Holzschnitten heraus. Die Handdrucke dazu stellte sie selber in mühsam-sorgfältigen Arbeitsgängen her. Das war in der Kriegs- und Nachkriegszeit, die einem solchen Unternehmen alle Schwierigkeiten entgegensetzte. Der ersten Gesamtausstellung der Werke des Grafikers, die fünf Säle der großen Kunsthalle in Darmstadt füllte, folgten andere Teilausstellungen bis in die neueste Zeit.

Die Kraft zu dieser weiterbauenden Arbeit am Vermächtnis eines Vollendeten – fünfzig Jahre hindurch – hat diese ebenbürtige Partnerin in ihrem unbeirrbaren Auferstehungsglauben gefunden und aus dem Wissen um die Unverlierbarkeit der Liebe geschöpft. Sie hat weitergewirkt, nicht gelähmt von untröstlicher Trauer.

So sagt sie es aus als Achtzigjährige: „Der Tod ist überwunden, wir wissen das seit zwei Jahrtausenden und leben immer noch, als wäre es nicht so! Aber wenn das einem aufgegangen ist oder auch nur leise dämmert, dann bekommt das Leben eine neue Kraft, und man darf spüren, wer immer helfend bei einem ist. Dann ist man unsagbar dankbar für jeden Tag und am tiefsten, wenn man einen Menschen trifft, der das auch erlebt, und man die ganze Wahrheit des Wortes fühlt:

‚Wenn zwei oder drei in meinem Namen beisammen sind, dann bin ich mitten unter ihnen!‘ Es gibt nichts Schöneres, als *so* alt werden zu dürfen, daß man dieses noch erfahren kann.“

Karl Thylmann ist nicht alt geworden, aber er hat dennoch aus der gleichen Erfahrung der Wahrheit der Christusworte gelebt. Die Tiefe seiner religiösen Erkenntnis wird in seinen biblischen Grafiken deutlich. Aus seinem gesamten schöpferischen Gestalten spricht sein Schaffensethos, dem er Ausdruck verleiht in dem Gedicht:

Werk

Das trachte ich:
Aus meinen seltnen Tränen,
Aus meines Herzbluts ungeduldigem Lodern
Perlen zu ründen und Karfunkel
Zur Zier des Altarschreins,
Der Träume
Strengen Krystall zu schichten
Und Gold aus meinem Hirn zu läutern.
So wächst die Spiegelung dämmeriger Wände,
So steigt ein Dach, durchsichtig sprießend,
So wölbt sich reich der Thron
Für die Gestalt, vor der ich bete.

Mit Zittern feile ich an deinem Saum
Und an der Silberflamme
Der Rechten, die sich segnend regt,
An deinem überhellen Angesicht,
O König Christus!

Ich will nicht ruhen, bis der Schrein gefügt,
Das Bild vollbracht.
Doch der Versucher, Herr,
Schickt seine Boten aus.
Sie legen ihren Mund an meine Ohren,

Sie ballen aus dem Duft berückend Blendwerk
Und tasten an mein Mark.
Der Fürst der Wünsche greift nach meinem Herzen.
Herr, könnt ich doch mit einem Schwung
Mich zu dir retten!

Aber die Stunden tropfen unerbittlich,
Und immer wieder wird die Inbrunst
Verdunkelt, weil das Geflüster Luzifers
Mich umsehn läßt.
Seele, horch auf den Sphärenschall,
Sieh auf zur Mitternachtssonne,
Zu Christus, dem erglühten Herzen Gottes.

Clara Ragaz-Nadig

In Parpan in Graubünden, nicht allzuweit von Chur, befand sich das hübsche ausgebaute Bauernhaus, das den Nadigs als Ferienheim diente. Späterhin wurde es dann oftmals auch für die junge Familie des schweizerischen evangelischen Theologen Leonhard Ragaz zum Ausruheort und Erholungsplatz. Ein nebelfeuchter Herbsttag liegt über der weiten Landschaft und dem Garten. Die junge Frau Clara hat sich in die scherzhaft so genannte „Freiburg" zurückgezogen, eines der Zimmer im oberen Stockwerk. Neben ihr schläft in der Wiege das Baby oder, wie der Graubündner sagt: das Poppi. Es ist „Maiti", die kleine Christine. Noch nicht drei Monate ist es her, daß sie geboren wurde. Um Clara ist eine der seltenen stillen Stunden des Tages in ihrem Mutterdasein – gerade recht, einen Brief an den Mann, der von Amts wegen in Basel zurückgeblieben ist, zu schreiben. Das zweijährige Söhnchen Jakob, der „Joggeli", liefert wahrlich Stoff genug zu einem fröhlichen Mutterbrief. Der Bub ist der Sonnenschein der Familie, das „Sunnaschienli" – in seiner Kindersprache das „Nunnanienli".

„Parpan, 3. September 1905

Mein lieber Leu,

Wenn jetzt das Poppi recht tut, habe ich ein feines stilles Stündchen für Dich. Wir sind in der Freiburg; der Himmel ist trübe und grau, und an ein Draußensitzen ist nicht zu denken; da habe ich mich mit Maiti hier hinaufgeflüchtet, wo sie am wenigsten stört und gestört wird. Sie ist jetzt im ganzen recht brav; die Nächte sind sehr gut, und am Tag schreit sie auch lange nicht mehr so viel wie früher, aber allerdings, wenn sie schreit, geschieht es immer mit demselben Stimmen- und

Kraftaufwand. Lächeln tut sie recht oft, und etwa einmal versucht sie sogar laut zu lachen und zu plaudern; das kostet sie aber immer große Anstrengung und geht dann nicht selten ins Weinen über.

Jetzt muß ich Dir aber vor allem für Deinen arg lieben Brief danken, der mir heute morgen ein willkommener Sonntagsgruß war. Er hat sich wohl mit dem meinen gekreuzt, da Du nichts von demselben schreibst ...

Die Sonnenfinsternis habe ich lange nicht so „genossen" wie Du. Das plötzliche Sinken der Temperatur ließ einen gern nach kurzer Beobachtung ins Stübchen zurückkehren. Auch waren immer Wolken am Himmel, so daß man die günstigen Augenblicke wirklich erwischen mußte. Es reut mich aber nachträglich, daß ich mich durch diese kleinen Hindernisse vom längeren Beobachten abhalten ließ.

Deine Reisebekanntschaft interessierte und freute mich sehr. Du hast halt schon das Talent, „rechte" Gespräche zu führen und aus den Leuten das Gute herauszuholen, das in ihnen liegt. Daß Dich der Mann für einen Kaufmann gehalten, amüsierte uns sehr. Das ist Dir noch nicht oft vorgekommen, gelt?

Sehr erfreut hat mich natürlich auch Dein Bericht über Dich und Dein inneres Ergehen. Gebe Gott, daß Du diese Deine zuversichtlichere, mutige Stimmung behalten dürftest. Du hättest sie so nötig!

Um mich mache Dir nur keine Sorge. Ich erhole mich wirklich gut hier, und nach aller Voraussicht habe ich ja einen guten Winter vor mir, wenn Tisti mir zu Hilfe kommt. Meinen alten Übermut werde ich schon nicht wieder zurückgewinnen; dazu zieht zu viel Ernstes an uns vorüber; aber ich hoffe, dafür Besseres zu erwerben, und dann feiert er dafür vielleicht in den Kindern eine fröhliche Auferstehung. Wenigstens in Joggelis hellem Lachen kann ich mich jetzt schon sonnen wie in eigenem Frohgefühl.

. . . . .

- Die Schlüsselchen waren mir recht willkommen, ebenso die Nachricht vom Bergellerhonig. Die erstere Sendung verdanke ich Dir, die letztere will ich bald Augustine verdanken. Tappolets brauchst Du nichts zu schenken. Wenn Du vielleicht einmal Marie schicken willst zu fragen, wie es gehe; aber nur wenn es Dir grad einfällt. Ich will bald gratulieren, und wenn das Wetter günstig ist, ein paar Enzianen oder andere Blumen schicken. – Für Salis habe ich bei Spengler bestellt; ich habe Auftrag gegeben, Männertreu zu schicken, was ja sehr sinnig und bündnerisch wäre, fürchte aber, es seien keine zu haben, und ich werde mich mit Nelken begnügen müssen. Nun, so viel macht es ja nicht aus. – Deine Hosen kann Marie zu Göring tragen, wenn Du meinst, Weinhardt besorge das Flicken nicht; sonst wäre es eigentlich an ihm, da er sie auch gemacht hat. – Für die Lektüre sage ich Dank. Ich habe sie noch nicht genützt, weil ich noch an des Meeres und der Liebe Wellen zehrte. Ich kann nicht sagen, wie reich und schön und freundlich mir das vorkommt trotz des tragischen Ausgangs.

Und nun möchtest Du wohl noch etwas vom Nunnanienli hören. Wenn er selbst zu schreiben hätte, würde er Dir wohl in erster Linie mitteilen, daß er zahne, denn das ist ihm gegenwärtig das wichtigste Erlebnis. Er steckt oft das Fingerchen in den Mund, ob nur in Nachahmung Maitis oder aus eigenem Antrieb, ist noch nicht ermittelt, und da nun jemand die Vermutung ausgesprochen, seine Zähnchen plagen ihn, hat er das lebhaft aufgegriffen und teilt nun seiner Umgebung von Zeit zu Zeit mit, er habe Zahnweh. Ein wenig „uliedig" ist er hie und da, im Ganzen aber nicht schlimm. Am meisten ärgert es ihn, wenn er sich nicht verständlich machen kann, und das ist wohl der beste Weg zu einer deutlicheren Aussprache. Mit dem Schwesterchen kommt er's immer gut, heute hat er auf einmal angefangen, ihm das Köpfchen zu waschen. Er hat irgendwo seinen glücklicherweise trockenen Schwamm entdeckt, und da nahm er die Gelegenheit wahr, das schwesterliche Haupt einer gründlichen aber bei alledem sorgsamen

Behandlung zu unterziehen. Nachher hat er den „Schoppen"
(es war nur ein Stückchen Holz, stellte aber das Fläschchen
vor) geschüttelt und gekühlt und ans Gesichtchen gehalten,
um ihn auf die richtige Wärme zu prüfen, und während wir
am Mittagessen saßen, informierte uns seine helle Stimme
von oben her auf einmal, daß das Poppi „gägge". Also eine
vollendete Kindsmagd. Das letztere erwies sich dann allerdings als ein Irrtum, und es liegt der Verdacht nicht ferne,
daß es der junge Herr nur zu seiner Belustigung erfunden
habe, da es ihm auch so gar nicht ums Einschlafen zu tun war.
Reinlichkeitsvergehen sind seit dem Donnerstag keine mehr
vorgekommen; so handelte es sich offenbar nur um eine vor-
übergehende Abweichung vom Pfade der Ordnung. Der Papa
ist denn noch immer beim Kaku in Basel oder auch in der
Kirche; letzthin aber, wie sich eine Männerstimme auf dem
Gang hören ließ, wollte er doch nachsehen, ob es nicht vielleicht der Papa sei.

Und nun hat sich Maiti außerordentlich brav gehalten und
soll durch einen Schoppen belohnt werden, und nachher ist's
mit der Ruhe vielleicht vorbei. So schließe ich, zwar mit dem
bestimmten Gefühl, ich vergesse wieder etwas zu schreiben;
aber Wichtiges ist es glaub nichts, und kann ich's ja das nächste Mal nachholen. Lebwohl, lieber Leu, und wenn Du magst,
schreib mir bald wieder. Ich „plange" immer ein bißchen auf
Nachricht; aber ich weiß dann schon auch wieder, daß du anderes zu tun hast, und auch daß es Dir vielleicht an Stoff
fehlt.

Mamma und die Schwestern lassen Dich herzlich grüßen. Und
wir drei anderen geben Dir Deinen Kuß von heute Morgen
mit Zinsen zurück.

                                        Deine Clara"

Das Erfülltsein von Mutterglück, Gattenliebe und Lebens-
freude gehörte zum Wesen von Clara Ragaz. Die ersten Ehe-
jahre waren für sie noch unbeschwerte, in denen ihre Harmonie und ihr heiteres Gemüt auch für den stetig mit seinen re-

ligiösen Problemen ringenden Mann die Tage hell machten und ihre positive Art ihn stützte. Doch schon klingt in diesem Brief auf, daß Clara, als sie diese Ehe einging, etwas davon geahnt hat, daß das ernste zielbewußte Streben dieses Gefährten kein Spielen mit dem Leben und seinen Freuden gestatten, sondern auch für sie oftmals ein Durchringen zur Lösung schwieriger Lebensfragen, ein Durchdringen seiner Gedankenziele bedeuten würde. Sie war gewillt, sich diesem Ernst zu stellen, den alten „Übermut" fahrenzulassen. Und doch ist ihr dabei die Souveränität ihrer strahlenden Wesensart und die Beschwingtheit im Umgang mit Menschen bis in ihr hohes Alter eigen geblieben.

Die leichtherzige – nicht leichtfertige – Bewältigung ihres Daseins lag Clara – als Tochter des Juristen Dr. Josua Nadig am 30. März 1874 in Chur im Kanton Graubünden geboren – vielleicht im Blute. Der Vater, aus dem alten Geschlecht der Walser stammend, nahm das Leben leicht und die Religion nicht schwer. Die Mutter, eine Altbündnerin, hielt streng auf die konfessionell reformierte Tradition ihrer Familie.
Ihre vier Töchter, von denen Clara die zweitjüngste war, erfuhren durch die Mutter eine gewisse erzieherische Strenge, die deren Natur entsprach. Es war Erziehung in gut bürgerlichem Sinne, es war Behütetsein und Bergung im Schoß der Familie. Doch muß schon etwas dabei gewesen sein, was eigene Verantwortung für die Zukunft wachrief, sonst hätte sich Clara vielleicht nicht so frühzeitig um Selbständigkeit im persönlichen Lebensbereich bemüht. Das ist auch ein Stück Erziehungskunst, beides wachzuhalten im jungen Menschen: das Wissen um die Geborgenheit und Sicherheit im Elternhaus und die Erkenntnis von der Notwendigkeit eigener Initiative im Leben.
Clara verlebte ihre frühen Kinderjahre zum Teil bei der Großmutter in Davos, bis die Familie aus beruflichen Gründen des Vaters nach Basel übersiedelte und die Töchter dort

die Schule besuchten. Da sie immerhin ihr Teil von der unbelasteten Lebensauffassung des Vaters mitbekommen zu haben scheinen, mag im Hause mit den vier Heranwachsenden ein heiteres Treiben geherrscht haben. Schon mit fünfzehn Jahren trat Clara in das Lehrerinnenseminar in Aarau ein. Zuvor hatte sie schon mit der Welt außerhalb der engeren Heimat durch einen einjährigen Aufenthalt in der französischen Schweiz Fühlung bekommen. Nach Ablegung der Lehrerinnenprüfung lockte es sie wieder hinaus, selber ihre Erfahrungen zu machen und ihren Blick zu weiten. Eine mehrjährige Tätigkeit in England als Hauslehrerin und Erzieherin lohnte sie mit vorzüglichen Sprachkenntnissen und sprachlicher Gewandtheit; außerdem mit guten menschlichen Begegnungen, die ihr wertvoll blieben. Da es ihr nicht nur um Vervollkommnung im Umgang mit der englischen Sprache ging, schloß sie einen Aufenthalt in der Normandie an, ehe sie ins Elternhaus nach Chur zurückkehrte. Der Vater war inzwischen dahin versetzt.

In Chur amtierte derzeit – im Jahr 1901 – seit acht Jahren ein jüngerer Pfarrer, der nach seinem früheren Wirkungskreis in den Bergdörfern am Heinzenberg nun hier eingesetzt worden war: Leonhard Ragaz. Er war als „Bündner" in Tamins im Jahr 1868 geboren. Es ist anscheinend nicht ohne Bedeutung für diesen späten Nachfahren eines alten keltischen Geschlechts geblieben, daß der Name Ragaz auf deutsch „Felsblock" bedeutet. Schon Leonhards Vater, Bartholome Ragaz – von Beruf Zimmermann, daneben Verwalter eines großen herrschaftlichen Gutes –, nahm stark an der Gemeindepolitik Anteil. Er hat wohl dem Zweitältesten seiner neun Kinder ein gut Teil dieses „leidenschaftlichen Interesses für die Angelegenheiten des öffentlichen Lebens und die großen menschlichen Dinge überhaupt..." vererbt. Zunächst führte der Weg des jungen Ragaz ins Theologiestudium und nach Beendigung desselben für eine kürzere Zeit ins Lehrfach und danach in das Pfarramt.

Schon am Heinzenberg hatte sich manche geheime Hoffnung der Mädchen an die zukünftige Pfarrfrau geknüpft, ohne daß der junge Geistliche seine Unbefangenheit im Umgang mit dem weiblichen Geschlecht verlor. Er war auf kameradschaftliche Begegnung eingestellt, und so hatte er es in Chur dann auch gehalten. Darüber war er nun dreißig Jahre alt geworden, und es wurde Zeit, an den Ehestand und eine Familie zu denken. Ein Hinderungsgrund, der ihn bisher belastet hatte, war beseitigt, nachdem ein befreundeter Arzt ihm die Bedenken über seinen anfechtbaren Gesundheitszustand ausgeredet hatte. Deshalb dachte Leonhard Ragaz jedoch keineswegs daran, unbedingt nach einem Lebenspartner zu suchen, schon ganz und gar nicht mit dem Blick auf äußere Vorteile. Er wünschte sich „nur Heiligkeit im großen, natürlichen und echten Sinne in dieser Beziehung für jene Zeit und später". Wie er alle seine Entscheidungen mit Maßstäben maß, die sich an Gottes Gebot hielten, so auch in dieser lebenswichtigen Sache. Er traute Gott zu, daß er ihm schon zur rechten Zeit die ihm bestimmte Lebensgefährtin zuführen würde.

„Eine echte leidenschaftliche Liebe" war es dann auch, von der er sich leiten ließ, als er die siebenundzwanzigjährige lebensfrohe Clara aus dem Hause Nadig, wo er als Pfarrer schon oft aus und ein gegangen war, erwählte. Sein Herz, das sonst mehr von geistlichen und geistigen Dingen bewegt wurde als von weltlichen, hatte gesprochen. Die junge Lehrerin machte es ihm durchaus nicht leicht, ehe „sie sich zu dem Schritt entschließen konnte, der dann freilich ihrem Leben eine Gestalt verliehen hat, die sie wohl schwerlich erträumt hat". Er brachte die Erfüllung dieses Frauendaseins, das weit über den Kreis von Heim und Familie hinauswirken sollte.

Eines Tages gelangten an Verwandte und Freunde die Karten, auf denen es schwarz auf weiß gedruckt stand, daß sich – vielen zum Erstaunen – Clara Nadig und Leonhard Ragaz verlobt hatten. Eine heitere Tatsache – er selber hat sie erzählt und nennt sie einen Koboltzufall – ereignete sich, just als der Postbote die „Verlobungskärtli" in die Briefkästen der Häuser gesteckt hatte: die Mittagsglocke begann vom Kirchturm zu läuten, als wolle sie das Ihre tun, die Neuigkeit kundzumachen. Mochte es immerhin ein Zeichen sein für den Geist, in dem diese Bindung erfolgte. Sie war weit entfernt von dem, was böse Zungen ihr anhängen wollten, die sich nicht scheuten, einem Leonhard Ragaz die Absicht einer Geldheirat unterzuschieben. Er hatte nichts davon geahnt, daß die Familie Nadig wohlhabend war. Ihn kümmerte Reichtum überhaupt nicht, ihn bekümmerte nur die Armut, wo er sie in seiner Gemeinde fand.

Zwei geistig ebenbürtige Menschen schlossen die Ehe, als dann am 1. Oktober 1901 die Glocken zur Trauung in der Martinskirche läuteten. Die fröhliche Hochzeitsfeier mit den beiderseitig großen Familien fand im „Sternen", dem Elternhaus von Claras Vater, statt. Die Hochzeitsreise nach Italien mit den Eindrücken von Natur und Kunst des südlichen Landes ließen fürs erste einmal den Eindruck der üblen Nachrede vergessen, die das leicht verwundbare Gemüt des Mannes hart getroffen hatte.

Wie es aber nicht selten im Menschenleben die negativen Erlebnisse sind, die den Rücken steifen und beitragen, mit um so größerer Treue an einer gewonnenen Einsicht festzuhalten, so betont auch Ragaz später, daß er aus diesem Anlaß mehr noch in Auseinandersetzung mit dem „großen Problem seines Lebens: Verhältnis zu Geld und Besitz" geführt wurde. Dem ging er auf den Grund in der theoretischen Deutung und zugleich auch in der praktischen Hilfe für die, die arm an Gut und Geld waren.

Die Unzulänglichkeiten im menschlichen Miteinander führten ihn immer tiefer in das Ringen um Erfahrungen mit Gott im persönlichen Leben; sie führten ihn Schritt für Schritt in eine Freiheit, in der ihm Gott zu *der* Wirklichkeit im eigenen Leben wurde, die den ganzen Menschen erfaßt und ihn in allen Lebensbereichen mit Beschlag belegt. Diesen Gott er-

Clara Ragaz-Nadig

kannte er als den Herrn der Welt, der sie trägt und regiert. Es sind seine Wege, die die Geschichte der Menschheit formen, und alles, was darin dem Menschen von Gottes Führung her unbegreiflich erscheint, das deutet das ebenso unbegreifliche Nahen des Reiches Gottes an, dessen Tor durch Christi Auferstehung ein für allemal aufgetan ist. Er ist die sichtbare Offenbarung Gottes. Seinen leidenschaftlichen Einsatz für Jesus Christus prägte Ragaz mit dem Ausspruch: „Staat, Kirche, Gesellschaft werden vergehen, aber die Worte Jesu werden nicht vergehen." Das stellte er nicht nur in Predigt und Schrift unter Beweis, er bestätigte seinen Glauben an Jesus durch sein Handeln.

Das war der zunächst noch mehr im verborgenen wirkende geistlich-revolutionäre Pfarrer in Chur, wohin das Paar nun von der Reise zurückkehrte. Ragaz bezeichnete seine Pfarrerzeit in Chur als eine Hauptstation in seinem Leben: aus seinem *Suchen* Gottes war ein *Finden* geworden.

Sehr bald merkte er, daß er wohl nicht recht gehabt hatte, als er seine Braut einmal charakterisierte als „nicht gerade zur Pfarrfrau geschaffen" – dies scheinbare Manko freilich neben bestechenden Eigenschaften! Sie war es nun doch, die ihrer Zweisamkeit die geistige Einheit verlieh, indem sie sich einführen ließ in die schweren Glaubensfragen, die den Mann umtrieben, um zeitlebens daran teilzunehmen. In den mancherlei inneren Konflikten, denen seine gewissenhafte Natur immer wieder ausgesetzt war, suchte sie ihn auch da zu verstehen, wo sie selber unbefangener dachte. Dem häuslichen Leben drückte sie den Stempel ihrer frischen, fröhlichen Persönlichkeit auf.

Nach einem halben Jahr wurde Leonhard Ragaz an das Münster nach Basel berufen. Den Entschluß, dem Ruf zu folgen, faßte er nicht leicht und nannte ihn „die Frucht einer tiefen äußeren und inneren Krise" in seinem Leben.

In dem schönen Pfarrhaus mit dem Blick über den im Basler

Land noch jungen Rhein konnten sich die Pfarrersleute behaglich fühlen. Wenn es auch eines der alten, nicht in jeder Hinsicht bequem angelegten Bürgerhäuser in der Augustinerstraße war, so bot es mit vielen Nebenräumen Platz genug. Ein großer Garten fiel gegen das Flußufer steil ab, die Bäume und Büsche darin erforderten keine besondere Pflege, wozu wohl auch wenig Zeit geblieben wäre. Den traulichsten Raum bot die geschlossene Veranda, in der sich das häusliche Leben zu einem gut Teil abspielte.

Während den Mann neue theologische Fragen beherrschten und soziale Probleme ihn stärker noch als zuvor bewegten, warteten auch neue Aufgaben auf die junge Frau. Am 25. Juli 1903 wurde der Sohn Jakob geboren. Clara war nun mit dem Poppi, das prächtig gedieh, vollauf beschäftigt. Daß dieser Bub eigentlich ein Mädchen hätte sein sollen, das verrät ein reizender Brief des Vaters zum ersten Geburtstag Jakobs. Dieser Brief schließt eine zarte Huldigung an die Mutter des Geburtstagskindes ein und gibt einen Blick frei in das Herz dieses ernsten Mannes:

„Basel, 24. Juli 1904

Liebstes Männchen,

Es ist ein wenig gewagt, wenn ich Dir zu Deinem Geburtstage, wie sich's an und für sich ziemt, einen väterlichen Brief schreiben will. Denn erstlich ist meine Handschrift so schön, daß Leute, die kein Verständnis für Stil haben, sie häßlich zu nennen die Dreistigkeit haben, und wenn Du auch ein viel zu guter Sohn bist, um Dich an der Handschrift Deines Vaters zu versündigen, so könnte die Lektüre meines Briefes Dich doch gar zu viel Mühe kosten. Zum zweiten aber bin ich gestern und heute im Bette gelegen und habe nicht einmal meine Predigt halten können – das hat die Hitze getan, vor der wir Dich in Sicherheit gebracht haben! – und es ist mir ganz dumm im Kopfe. Darum habe ich meinem Hofpoeten Auftrag gegeben, ein solennes Geburtstagspoem zu verfassen.

Er hat es getan, und ich weiß, daß er seine Sache recht macht, sonst hätte ich ihn schon lange verschickt. Doch weil bei solchen Anlässen ein Wort aus dem Munde des Gebieters erst die rechte Weihe bringt, will ich nicht ganz fehlen.

Vor einem Jahr also bist Du zu uns gekommen. Es ist ein großer Gedenktag, gewiß. Nur möchte ich betonen, daß an ihm nicht nur Deiner, sondern auch anderer Leute Verdienste gedacht werden muß. Da ist eine – ich hoffe, Du kennst sie noch! –, die sich mit den Vorbereitungen auf Deine Ankunft viele Mühe gegeben hat. Sie hat lange gewartet, sie ist zuletzt einen Tag und eine Nacht hinter der Türe gestanden, durch die Du eintreten solltest, auf Deine Schrittchen harrend – weißt Du, so wie eine Mutter auf ein liebes Kindlein wartet, daß sich im Walde verlaufen hat. Und noch andere standen weiter hinten und warteten auch. Weißt Du, das war ein Tag voll Schmerz und Aufregung, daß Du sie dafür mindestens die Nächte hindurch nicht unnötig beunruhigen solltest. Ja, Du hast lange auf Dich warten lassen, das ist wahr. Doch wollen wir Dir das nicht zu stark vorrücken. Denn alles, was etwas auf sich hält, läßt sich ein wenig bitten, oft ziemlich lange. Es liegt das – ich flüstere Dir's nur ins Ohr – ein wenig in einem Teil Deiner Familie. Aber Du hattest noch andere, höhere, zwingendere Gründe. Du mußtest Dich besinnen, ob Du wirklich ein Pfarrerssohn werden wolltest; es war nicht unbedenklich, denn Du hattest allerlei nicht ganz Löbliches von dieser Art von Buben gehört; doch überwand der Gedanke an Lessing, Schleiermacher und viele andern Pfarrhäusern entsprossene Denker und Dichter diesen Zweifel. Du wußtest, daß eigentlich ein Mädchen erwartet wurde, fragtest Dich, ob es nicht taktvoll wäre, eines der Schwesterchen aus dem Kindliberg zu bitten, an Deine Stelle zu treten und die dankbare Rolle eines frommen Pfarrtöchterchens zu übernehmen. Doch fandest Du gewiß, es herrsche in bezug auf Mädchen sowieso Überproduktion, und in der Familie Nadig sei alle weibliche Vortrefflichkeit in solcher Weise zum Ausdruck gekommen, daß in diesem Genre Neues nichts mehr zu leisten sei. Noch eins kam hinzu: Du hattest über Basel und die Basler so vielerlei tönen gehört – Du wußtest selbst nicht recht woher! – daß Du Dich schon besinnen mußtest, ob Du Dich in eine solche Gegend wagen dürfest. Aber Du hattest auch von einer Veranda gehört, die alle Leiden der Welt aufwiege und dem Paradies nur wenig nachstehe. Das entschied.

Doch war das alles nicht die Hauptsache. Die Hauptsache war, daß Du noch auf Deinem Wege zu uns – auf der einsamen Strecke zwischen dem Himmel und dem Erdenland – Dein Köpfchen und Herzchen füllen mußtest mit all dem Lieben, Süßen, Holden, das Du uns bringen wolltest. Du beludest Dir Händchen und Rücken mit den Wundern, die dort oben sind, um uns damit zu beschenken. Und endlich – das Größte kommt immer zuletzt – rief der liebe Gott Dich noch einmal zurück, um Dir noch einmal die große Botschaft nahe zu legen, die Du uns von ihm bringen solltest.

Du hast sie uns gebracht, ein ganzes Jahr lang hast Du sie uns jeden Tag wiederholt, und wir sind ihrer nicht müde geworden, sondern finden sie nur schöner mit jedem Tag. Dein Geburtstag war für uns eine Erneuerung des Lebens, ein Frühling bist Du uns, der nicht endet. Gott erhalte Dich uns! Es dankt ihm, Deiner Mutter und allen denen, die Dich liebhaben, Großmutter, Großvater, Tanten und Onkeln, vor allem

Dein Vater"

Trotz der mütterlichen Pflichten für ein Kind in so zartem Alter blieb Clara den in die Zukunft gerichteten Gedanken ihres Mannes gegenüber aufgeschlossen. Sein Eintreten für den Frieden der Welt bedeutete für sie kein Neuland. Schon als junges Mädchen hatte sie – angeregt durch Berta von Suttners Roman „Die Waffen nieder" – der Friedensgedanke tief berührt. Clara, von Natur aus zu Harmonie und Frieden geneigt, wurde damals schon zur Pazifistin, wenn auch nicht in enger politischer Begrenzung, sondern in der Freiheit des Herzens, das Gewalttätigkeit und Ungerechtigkeit, Unterdrückung und Mißtrauen verabscheut und dafür Verstehen und Hilfsbereitschaft, Liebe und Selbstlosigkeit einsetzt. Das sollte sich später noch deutlicher erweisen.

Im Sommer 1905 trat wiederum eine der großen Entscheidungen im Leben an Leonhard Ragaz heran. Er stand an einem Scheideweg, an dem er den Beistand seiner Lebenskameradin nicht entbehren konnte. Sie war da, beratend, ohne ihn in seiner Entschließung zu bedrängen. Der Basler Stadtpfarrer Ragaz hatte einen Ruf an die Berner Hochschule auf den Lehrstuhl für praktische Theologie und Ethik erhalten. Zunächst sagte er bedingt zu, zog aber die Zustimmung zu seiner Wahl zurück, da sie gegen seinen Willen im Namen einer Partei erfolgen sollte. Daß seine Baseler Gemeinde sehr bemüht war, ihn zum Bleiben zu veranlassen, war eine erfreuliche Erfahrung, war aber doch nicht letztlicher Grund der Absage. Selbstverständlich hatte Clara den Ablauf dieser Dinge mit Spannung verfolgt und schrieb aus Parpan: „Ich bin froh, daß die Entscheidung bald stattfinden soll ... Mir würde der Abschied von Basel glaub nicht sehr schwerfallen; aber ein bißchen kurios käme es mir schon vor, nun auf einmal nach Bern verpflanzt zu werden. An Zürich oder Basel hätte man eher gedacht ..."

Es klingt harmlos, so als ob es sich vielleicht um einen Wohnungswechsel handelt. Wie stark sie aber an des Mannes Ringen um den rechten Entschluß beteiligt war, beweist ein anderes Schreiben, das er an Professor Schmiedel in Bern richtete:

„Basel, 5. November 1905

Lieber, verehrter Herr Professor,

Die Art, wie Sie meinen Schritt, den Sie rein objektiv wohl nicht billigen, aufgenommen haben, hat meine Frau und mich erschüttert und zu Tränen gerührt. Ich habe schon viel Großes und Herrliches von Ihnen erfahren, das ist aber doch das Größte und Herrlichste. Ich meine, es könne kein Tag meines Lebens mehr vergehen, ohne daß ich irgendwie, wenn auch nur halbbewußt, daran denke. Ihr Brief war uns die erste Befreiung in unserer großen Not.

Ja, wir haben furchtbar gekämpft und gelitten. Es ging, ich übertreibe nicht, bis an den Tod, und nur der Heldensinn meiner Frau, die Reinheit und Stärke ihres Wesens hat mich zeitweilig davor bewahrt, eine Beute des Sturmes zu werden. Es galt, das war mir durchdringend deutlich, die Wahrung meines Besten, meiner Seele, oder, wenn Sie wollen, der Seele meiner Seele.

. . . . .

Es scheint mir kaum nötig, Sie zu bitten, Ihr Vertrauen zu mir nicht wegzuwerfen. Ich verdiene es jetzt ja eigentlich mehr als je, denn das Feuer dieser furchtbaren Krise hat mich sicher gereinigt und unter anderem auch Raum geschaffen für einige von den Tugenden, die ich gerade auch von Ihnen schon lange hätte lernen sollen.

Ich wagte gestern abend aus Angst vor Ihrem Zorne Ihren Brief gar nicht zu öffnen. Nun ist er uns ein Sonntagsgruß geworden. Und nun empfangen Sie nochmals den tiefen, großen Dank Ihrer Clara und Leonhard Ragaz"

Inzwischen hatten sich Elternfreuden und Mutterpflichten gewissermaßen verdoppelt, denn zum Joggeli war das bereits erwähnte Schwesterchen Christine, das Maiti, gekommen. Wenn die Pfarrfrauenpflichten oder ihr sonstiges Wirken für das Gemeinwohl ihre Zeit in Anspruch nahmen oder sie sich mit ihrem Mann auf einer Reise befand, übernahm die gute Tante Tisti, ihre Schwester Christine, die Kleinen gern; ihr konnten sie getrost anvertraut werden.

Im Jahr 1906 rief Leonhard Ragaz die „Religiös-soziale Bewegung" ins Leben. Er sagte damit allem Abgestumpften im gesellschaftlichen Empfinden den Kampf an, so wie er sich auch gegen erstarrte Formen des kirchlichen Lebens und religiösen Denkens wehrte. Die Sorgen, die daraus erwuchsen, die Mißverständnisse von akademischer und bürgerlicher Seite, die Angriffe, denen seine Idee ausgesetzt war, bewegten auch Clara. Die strahlende Helle und Wärme ihres Wesens, die von denen, die ihr begegnet sind, immer betont wurden, hat ihn in seiner oft schwermütigen Sinnesart ermutigt. Wie manches Mal sie selber in diesen schwierigen Situationen im stillen gezagt haben mag – das bleibt uns verborgen. Die von Ragaz gegründete Zeitschrift „Neue Wege. Blätter für religiöse Arbeit" erfuhren zwar manche Ablehnung, aber fanden auch Zustimmung, nicht nur in dem engeren Kreis der Bewegung, sondern auch bei der christlich gesinnten Studentenschaft, bei den sozial eingestellten Bürgerlichen, bei evangelisch und katholisch kirchlich gebundenen Menschen, bei Juden. Auch Arbeiterführer sympathisierten mit ihr. Pfarrer Ragaz gehörte zu denen, die nicht nur „die ewigen Wahrheiten" und „das innere Leben" predigen und dabei an „weltlichen Dingen" vorübergehen wollten; er ließ sich auch von der Notwendigkeit der letzteren ganz praktisch fordern.

Clara wurde für ihn „zu einer Hilfe, ohne die man sich einen Teil seiner Arbeit und einige wichtige Entscheidungen in seinem Leben nicht wohl vorstellen könnte" – das ist ein Zeugnis aus dem berufenen Munde der Tochter, Dr. Christine Ragaz, in den Anmerkungen zu der von ihr mitbesorgten Ausgabe der Briefe des großen Theologen. Die geistige und seelische Übereinstimmung, die das Leben dieser beiden Menschen wechselseitig bestimmte, charakterisiert Christine Ragaz weiter im Blick auf ihre Mutter: „Durch ihre Gemeinschaft mit Leonhard Ragaz entfalteten sich auch die Kräfte, die in ihrer eigenen Arbeit zum Ausdruck kamen, und sie wußte sich dort auch getragen von seinem Verständnis und seiner Hilfe."

Es ist zuweilen leichter, an großen Sorgen und „wichtigen

Entscheidungen" des anderen mitzutragen, als Tag für Tag die kleinen Widerstände im Alltag immer wieder zu bewältigen. Clara verstand beides und verband beides: „Was Du von Deiner Predigt schreibst, tat mir leid. Ich hätte natürlich gern, Du wärest davon befriedigt, vielleicht ist sie aber doch ganz gut, und Du bildest Dir nur ein, sie sei nur halb befriedigend. Im übrigen mußt Du Dir meinetwegen keine Sorgen machen; es freut mich ja für Dich und mich, wenn Dir Deine Arbeit gelingt; aber Dich liebhaben und an Dich glauben kann ich auch, ohne daß Du Erfolge hast."

Eine gemeinsame Reise nach Amerika zum „Weltkongreß für freies Christentum" im Jahr 1907 gehörte zu den großen Ereignissen und brachte ihnen viel schöne Erlebnisse, gute Begegnungen und hinterließ bleibende Erinnerungen. Es zeugt für die Gleichmütigkeit des Theologen äußeren Besitztümern gegenüber, daß eines der letzten Geschehnisse auf der Rückreise keinen bitteren Beigeschmack bekam: Frau Clara verlor auf dem Pariser Bahnhof den „bedeutenden Rest" ihrer Reiseentschädigung. Es war also doch nicht ganz richtig gewesen – meinte ihr Mann –, so überaus sparsam damit umzugehen. Vielleicht sollte es auch eine Lehre sein, nicht zu sicher mit irdischem Besitz zu rechnen?

Die Kinder, die ihre Eltern dann in Basel am Bahnhof mit Jubelgeschrei empfingen – die waren doch ihr größter Reichtum!

Die Reise zeitigte noch ein besonderes Ergebnis. Das schweizerische Ehepaar hatte von einer führenden Persönlichkeit der „Christlichen Sozialisten" das aktuelle Buch von Walter Rauschenbusch: „Die religiösen Grundlagen der sozialen Botschaft" geschenkt bekommen. Clara machte sich später an die große Arbeit, das bedeutende Werk aus dem Englischen ins Deutsche zu übersetzen. Der Verfasser hatte zwar Angst vor einer „Damenübersetzung", aber er hätte sich keine vollkommenere wünschen können.

Ein neuer Weg, neue Aufgaben standen bevor, als Leonhard Ragaz im Jahr 1908 als Professor auf den Lehrstuhl für systematische und praktische Theologie nach Zürich berufen worden war. Unliebsame Gegensätze im Zusammenhang mit seinem Bekenntnis zum Antimilitarismus hatten ihm das Verbleiben in Basel weniger erfreulich und ihn daher jetzt zugänglicher für eine solche Berufung gemacht. Nicht leicht war ihm das Aufgeben seiner Gemeinde geworden, „zu der man gehört, die einem gehört, für die man verantwortlich ist und die etwas von einem will". Bezeichnend ist, daß er damit besonders die Armen meint, die ihm den Abschied schwer machten.

Die Anforderungen an seine Frau Clara bestanden zunächst einmal darin, im Herbst des Jahres den Umzug nach Zürich zu bewerkstelligen. Die Wohnungsangelegenheit machte längere Zeit viel Kummer. Das Heim mitten in der Stadt bildete einen gar großen Gegensatz zu dem schönen Pfarrhaus in Basel mit dem weiten Blick über die Rheinebene, den Leonhard so sehr geliebt hatte. Und da war auch noch etwas anderes, was Frau Ragaz unruhig machte: der Lärm, der den sensiblen Mann sehr störte. So machte sie sich wieder und wieder auf die Wohnungssuche und bewältigte drei Umzüge, weil Lärm in der einen Straße sich in der anderen umsetzte in – anderen Radau.

Trotz dieser äußerlichen Schwierigkeiten war für Clara Ragaz jetzt die Zeit gekommen, aus dem Hintergrund des Mit-Leidens mit den in ihren Lebensrechten Zukurzgekommenen in den Vordergrund des Handelns für sie zu treten. Es ist nicht schwer, in Gedanken bei denen zu sein, die das Leben benachteiligt und sich das Herz davon anrühren zu lassen, es ist auch leichter, finanzielle Opfer für sie zu bringen, als den konkreten Schritt zur Tuchfühlung mit ihnen zu tun. Frau Ragaz beschäftigte die schlechte soziale Lage der Heimarbeiterinnen. Aus eigener Anschauung wollte sie sich darüber informieren. Als Vorarbeit für die schweizerische „Heimarbeits-Ausstellung von 1909" lief sie von Haus zu Haus, in denen Heimarbeiterinnen ihrem kärglichen Verdienst nachgingen, und machte die notwendigen Erhebungen. Die Ausstellung, an deren Gestaltung sie wesentlich Anteil hatte, sollte das Interesse wecken und dazu beitragen, den Frauen bessere Lebensbedingungen zu verschaffen. Der Einsatz dieser human denkenden und sozial handelnden Frau für die Trinkerrettung und Trinkerfürsorge aber war kein neues Kapitel ihres Wirkens, denn schon lange gehörte sie der Abstinenzbewegung an. Trunksucht war für sie eine körperliche Krankheit und die moralische Unfähigkeit zur Selbstzucht. Sie und ihr Ehegefährte traten ihr auch durch das Beispiel der Enthaltsamkeit entgegen.

Pfarrfrauenpflichten im engeren Sinne hatte die Professorengattin nicht mehr, deshalb ließ sie sich in neue Aufgaben rufen, bei denen es um Gemeinwohl ging. Die ehemalige Erzieherin erwachte in ihr, sie nahm tätig Anteil an der Züricher Schulpflege. Vielleicht war es ihr eine – wenn auch ganz selbstlose – Genugtuung, ihre pädagogischen Kenntnisse noch einmal unmittelbar anwenden zu können. Sie hielt Vorlesungen an der Sozialen Frauenschule, an der Sozialarbeiterinnen ausgebildet wurden.

Am Lenzerheidsee lag ein Häuschen, ein mit Schindeln gedecktes Holzhaus: Casoja, ein neues Wirkungsfeld für Frau Ragaz. Ein junges Menschenkind aus wohlhabendem Elternhaus, unbefriedigt von seinem Dasein und durch eine etwas schwächliche Konstitution von einem Berufsweg ausgeschlossen, hatte dort für einfache, bildungshungrige Mädchen ein zunächst bescheidenes Heim geschaffen. Den Mut dazu hatte es an dem Beispiel des Ehepaars Ragaz gefaßt. Die Schülerinnen fanden Verständnis für ihre Probleme und Möglichkeiten zu ihrer Fortbildung, teils im Sinne einer Volkshochschule, teils in der Haushaltungsschule. Mit bescheidener Besetzung und kleineren Kursen fing es an. Als der Zustrom nicht mehr im Häuschen unterzubringen war und der Unterricht sich ja nicht immer im Freien halten ließ, entstand ein größerer Bau. In Ferienkursen wirkte Frau Ragaz dort mit. Eines ihrer vielen Verdienste ist auch die Gründung und Leitung von Mütterwochen, die an verschiedenen Orten stattfanden.

Das geliebte Bauernhaus in Parpan war für Leonhard Ragaz der Ruheplatz in seinem bewegten Dasein. „Parpan, der Jungbrunnen des Lebens", bot der Familie von Zeit zu Zeit ein erholsames Beieinandersein ohne Amtspflichten, ohne Großstadtlärm und die daheim oftmals unvermeidliche Unruhe. Der Vater liebte diesen Ruheplatz besonders, denn in diesem hochgeistigen Mann steckte ein Stück Bauernerbe von den Vätern her; er äußerte einmal, daß ihm „über alle Universitäten ein Maiensäß" ginge, und, „wenn man ob den Kriegen an der Menschheit gar verzweifeln möchte, einen der Friede der Herden auf der Alp tröstet". Vom Ferienhäuschen aus wurden Wanderungen ins Engadin, nach Davos und anderswohin mit den Kindern unternommen. Es war den Eltern wichtig, daß diese die Heimat kennenlernen und Gottes Natur in ihrer Schönheit bewußt sehen sollten. Wenn Ragaz sagt, daß „die Wurzeln unseres Wesens in der Kindheit ruhen und in den Orten der Kindheit", so ist es wohl an den Erziehern, diese Wurzeln zum Treiben, die Keime in den Seelen der Kinder zum Entfalten zu bringen. Das hat Clara gewiß vollgültig getan, als sie ihre schulpflichtig gewordenen Kinder mit anderen zusammen selber unterrichtete. Als Jakob zehn Jahre alt war, schrieb sie für ihn und Christine ein „Abendgebet":

Nun ist der helle Tag vergangen,
In Dunkel hüllet sich die Welt;
Doch in mein Herze zieht kein Bangen,
Weil Gott in seinem Arm mich hält.

Er, der der Sonne Kleid gewoben,
Er, der den Sternen weist die Bahn,

Er, den der Himmel Chöre loben,
Er nimmt sich doch auch meiner an.

Er hat mich in des Tag's Getriebe
Ganz sacht geleitet an der Hand.
Auch dort, wo seine Vaterliebe
Ich töricht' Kind oft nicht erkannt.

Oft hab' ich ohne Dank genossen,
Was er mir gab: Brot, Leben, Kraft,
Oft ihm mein Herze ganz verschlossen
In Zorn und Trotz und Leidenschaft.

Doch wenn des Tages Lärm verrauschet,
Wird auch mein trotzig' Herze still,
Es merket leise auf und lauschet,
Was Gott der Herr ihm sagen will.

Und in des Abends ernstem Schweigen,
Wenn Kleines groß wird, Großes klein,
Dann fleh' ich: nimm mich ganz zu eigen,
O Vater, laß Dein Kind mich sein.

Viele Probleme in der Erziehung sind da gelöst, wo die wahrhaft selbstlos mütterliche Einstellung Raum hat, der Clara Ragaz Ausdruck gibt in einem Selbstbekenntnis, das weittragende Bedeutung über die Kinderstube hinaus hat: „Ich gehöre nicht zu jenen, die meinen, daß wir Mütter, weil wir die Kinder in Liebe und Sorge großgezogen haben, nun gewissermaßen ein ‚Recht' auf sie hätten. Nein, ich meine, das, was wir an Mühe und Sorge auf sie verwendet haben, das haben sie uns tausendfältig zurückgegeben durch ihr bloßes Dasein, durch die tägliche Freude und Erquickung, die sie uns waren. Nicht ein Recht *auf* sie sollten wir haben, meine ich, aber ein Recht *für* sie, das Recht, Lebensverhältnisse für sie zu schaffen, in denen sie körperlich und seelisch gedeihen können."

Der „Gartenhof" in der Gartenhofstraße in Zürich ist in der Schweiz zu einem Begriff geworden. Seine Geschichte schließt etwas davon ein, was Nachfolge Christi von Anfang an bedeutete: Hinuntersteigen zu den Armen und Bedrückten; sie schließt ein, was einen Franz von Assisi zum heiligen Franziskus machte: Leben mit den Armen für die Armen. Das waren die Leitbilder für Leonhard Ragaz, als er den Entschluß faßte, sein geachtetes Amt als Professor der Hochschule in Zürich, das er dreizehn Jahre lang ausgeübt hatte, aufzugeben. Er wollte seine Kräfte von nun an ganz in den Dienst an den Arbeiterbrüdern stellen, auch in der Praxis, wie er es theoretisch in der Religiös-sozialen Bewegung bisher vertreten hatte. Lange hatte er die letzte Entscheidung aufgeschoben, besonders im Blick auf seine Familie und seine Verpflichtung ihr gegenüber. Durfte er sie dem Risiko einer ungesicherten Lebensexistenz aussetzen? Er war sich bewußt, welches Opfer sein Vorhaben auch für Frau und Kinder bedeuten würde. Ein längerer Urlaub, der ihm einen Winteraufenthalt mit Clara allein in der winterlichen Schönheit von Parpan gestattete, brachte innere Konflikte zur Klärung. Die Kinder waren junge Menschen, die die Folgen eines solchen Wagemutes sicher noch nicht ganz ermessen konnten; doch ihre freudige Zustimmung stärkte den Vater. Clara mag vielleicht doch mit Bangen erwogen haben, wie hart die Verantwortung für die äußeren Lebensbedingungen der Familie auch auf ihren Schultern lasten würde. Dennoch war sie gewillt, den Weg ohne Wenn und Aber mitzugehen.
Als sich dann von befreundeter Seite Aussicht auf eine gewisse Lebenssicherung bot, tat Ragaz den letzten Schritt und erklärte im Sommer 1921 offiziell seinen Rücktritt von der Professur. Ohne Pension ging er – bildlich gesprochen – den Weg in ein unbekanntes, von ihm noch nicht erforschtes Land.

Sein Entschluß rief nicht nur mitleidiges Kopfschütteln bei den „Philistern", sondern auch Mißverstehen und schwer zu ertragende Mißdeutung in den intellektuellen Kreisen hervor. Die junge Studentenschaft von Zürich stellte sich auf die Seite ihres Lehrers, sie ahnte wohl etwas davon, daß hier einer war, der die „Revolution Christi" mit dem Überschreiten der trennenden Grenzen zwischen menschlichen Klassen nachvollzog. Die akademische Jugend anerkannte den Mut, der dazu gehörte, dieses Wagnis des Glaubens zu praktizieren.

Diese Jugend hatte auch das Wort der geistvollen Frau Ragaz gehört, als sie vor der „Christlichen Studentenvereinigung" über „Kameradschaft, Freundschaft und Liebe zwischen Mann und Frau" gesprochen hatte. Mit ihrer Einfühlsamkeit hatte sie die feinen Unterschiede dieser menschlichen Regungen herausgestellt unter der Losung: „Was Recht, Sittlichkeit, Ethik ist, dem diene ich ... Liebe heilig halten – altmodisches Ideal? Freiheit in der Liebe bedeutet nicht Ungebundenheit, sondern erhöhte Verantwortung gegenüber dem einzelnen und der Gesellschaft."

Der Plan, eine Arbeiter-Volkshochschule zu gründen, erforderte zunächst einmal Räumlichkeiten für größere Versammlungen. Unermüdlich machte sich Clara in vielen vergeblichen Gängen auf die Suche nach einem zum Verkauf stehenden Haus, das dann endlich in der Gartenhofstraße gefunden wurde. Es mußte zweckmäßig umgebaut, aus drei Zimmern im Erdgeschoß ein kleiner Saal geschaffen werden. Als dann im Frühjahr darauf der Einzug in das Haus erfolgt war, begann die Bildungsarbeit in vollem Maße mit dem Ziel, das Ragaz selber charakterisiert: „die soziale und sozialistische Bewegung mit der dazugehörigen geistigen, besonders in ihrer ‚religiösen' Form zu verbinden". Zunächst war es eine „Arbeitsgemeinschaft". In den Lehrplan eingeschlossen waren die realen und geistigen Wissenschaften. Einen breiten Raum nahm die religiöse Ausrichtung ein. Die Samstagabende waren im besonderen der Bibel und ihrer Auslegung vorbehalten. Zu den Weihnachtsfeiern und in österlichen Festtagen konnten alle kommen und teilnehmen an dem, was der „Gartenhof" ihnen bot, alle, ohne Ansehen der Person, unabhängig von Parteizugehörigkeit oder nicht. Frau Ragaz wirkte lehrend mit in Kursen und durch Vorträge und einte die gesamte Arbeit durch ihre menschliche Wärme.

„Der Gartenhof" war aber viel mehr als Volksbildungsstätte. Und in diesem „Mehr" sind die besonderen Ziele Claras eingeschlossen: Heimat schaffen für geistig Heimatlose, Heimat für seelisch Verwaiste, Heimat und Hilfe auch für materiell Arme. Alle sollten Freundschaft und Verstehen finden, Bruderschaft spüren. Die Hausfrau war die Seele dieser großzügigen Humanität unter dem Vorzeichen praktischen Christentums.

Als dann im Jahr 1939 in den Staaten umher der zweite Weltkrieg ausbrach, wurde der Gartenhof zu einem Zufluchtsort. Es wurde offenbar auf eine neue Weise, was hier geleistet wurde. Clara gewährte es ein tröstliches Bewußtsein, daß sie von neutraler Seite aus imstande war, unmittelbar praktisch Hilfe zu bringen und, uneingeschränkt und unabhängig von Bindungen, den einzelnen Menschen beistehen zu können, die in der Schweiz Schutz suchten. Die „Auskunftstelle für Flüchtlinge" im „Gartenhof" hat ungezählten Hilfesuchenden Rat und Trost gebracht, ungezählte Herzen dankbar gemacht für Zuspruch in Verzweiflung, viele aufgerichtet durch Rettung aus äußeren Nöten. Was Clara und ihre Mitarbeiterinnen an menschlichen und auch unmenschlichen Schicksalen auf ihr Herz nehmen mußten, bleibt verborgen. Die Auskunftstelle war offen für jeden, uneingeengt durch konfessionelle oder politische oder ideologische Anschauungen. Kein gehetzter Flüchtling, kein Emigrant, kein Ratloser, kein Verfolgter, kein geschmähter Jude klopfte vergeblich an die Tür. Es wurde ihm zumindest zunächst die Wohltat, aufgenommen und geborgen zu sein. Tausende Anfragen wurden geprüft und nach allen Möglichkeiten zur Beantwortung bearbeitet.

„Der Schweizerische Zweig der Internationalen Frauenliga für Frieden und Freiheit ist gewißermaßen das ‚Kind' von Frau Ragaz. Sie hat ihm das Leben geschenkt, und dank ihrer treuen Fürsorge ist dieses Kind, das wohl oft auch ein Sorgenkind gewesen ist, gewachsen und gediehen und hat auch kritische Zeiten überstanden" – so charakterisiert Helene Stähelin kurz das Wirken dieser Frau für eine Institution, die am Frieden der Welt mitzuarbeiten bemüht war. Was dieser Einsatz im einzelnen an Mühen und Sorgen bedeutete, läßt sich wiederum nicht nachweisen, und Clara Ragaz' Bescheidenheit und schlichte Gesinnung würden es auch nicht aufgezählt haben wollen.

Schon damals, als der erste Weltkrieg ausbrach, hatten Mut und Überzeugungskraft dazugehört, gegen die allgemeine Begeisterung für Heldentum und soldatische Ehre – auch in der Schweiz – eine Meinung zu verteidigen, die dem grundsätzlich entgegenstand. Es war gleichzeitig eine Mahnung an die Frauen, nicht auf solche Weise mitschuldig zu werden an künftigen Kriegen. Nach dreißig Jahren der Mitarbeit legte Frau Ragaz ihr Amt als Präsidentin der schweizerischen Friedensliga nieder. Sie hatte unter vielen Widerständen und unter Rückschlägen gelitten, konnte aber auch auf große Erfolge dieses Werkes zurückschauen. Die Arbeit war nicht ohne zustimmenden Widerhall geblieben; als dann freilich die Jahre des Faschismus gekommen waren, auch nicht ohne Widerspruch: Verbot in den Hitler-Staaten, Mißtrauen gegen die Institution im eigenen Lande – Mißverstehen von zwei Seiten also.

Für diese Mitkämpferin für einen Völkerfrieden waren Gerechtigkeit und Wahrung der Menschenrechte Voraussetzung. Deshalb lag ihr das Mitbestimmungsrecht der Frau im Staatswesen am Herzen. Es sind die mütterlichen Eigenschaften, die an einer friedlichen Zukunft bauen. Ohne eine fanatische Frauenrechtlerin zu sein, erkannte sie die Notwendigkeit der Frauenstimmrechtsbewegung an. Es ging ihr darum, daß der

Frau im Staat der Platz eingeräumt werden solle, an dem sie für eine Zukunft eintreten kann, die ihren Kindern möglich macht, im späteren Leben die von den Müttern anerzogenen Ideale zu verwirklichen: „Güte, Freundlichkeit, Liebe, Vertrauen, Großmut, Treue, Wahrhaftigkeit". Deshalb muß sich die Mitarbeit der Frau am Gemeinwohl auf dem einen Grund aufbauen: „den Haß durch die Liebe verdrängen, das Böse durch das Gute bekämpfen, der Untat die Liebestat gegenüberstellen".

„Dabei wissen wir, daß es sich bei diesem Aufstieg der Menschheit, an den wir glauben, nicht um Mann *oder* Frau, sondern um Mann *und* Frau handelt. Über dem Frauenideal und über dem Mannesideal steht das Menschheitsideal." Zu diesem Schluß kommt Clara Ragaz in ihrem Vortrag vom Jahr 1915 „Die Frau und der Frieden". Sie bezeugt dabei zugleich die Haltung, die dieser Weltanschauung Rückhalt gibt: „Es ist, das gestehe ich, eine Sache des Glaubens, aber wollen wir immer nur an das Böse glauben und nicht einmal den Mut fassen, an die Macht des Guten zu glauben?"

Ihren Gedanken hat Clara Ragaz in einer Reihe von kleinen Schriften Ausdruck gegeben. Wo sie es unmittelbar mit dem gesprochenen Wort tat, war es manchmal nicht sosehr das, *was* sie erreichte, sondern *wie* sie es erreichte, was den starken Eindruck hervorrief. Man spürte ihren Reden die mütterliche Gesinnung ab, die Güte und Toleranz auch für fremde Meinungen, ihr Trachten nach Verstehenwollen und Anerkennung des anderen.

Wenn auch die Wirksamkeit von Clara Ragaz im öffentlichen Leben und am Gemeinwohl eine ganz eigenständige Tat ist, so war ihr ein solcher Einsatz wohl nur möglich Seite an Seite mit dem Mann, der auch vollziehen wollte, was sein Gewissen ihm gebot und nicht, was die Welt forderte. Vom Jahre 1945 an stand sie allein. Leonhard Ragaz war abgerufen und setzte seinem Heimgang selber das Zeichen, indem er seine in den letzten Monaten seines Lebens geschriebene Lebensgeschichte „Mein Weg" beschließt: „Und die letzte Regung meiner Seele, am Ende meines Lebens, ist die Bitte: Dein Reich komme."

Seine getreue Gefährtin arbeitete in diesem Geist weiter an seinem Werk, soweit es ihr Teil war.

„Unser Leben währet siebzig Jahre, und wenn es hoch kommt, so sind es achtzig Jahre, und das meiste daran ist Mühsal und Beschwer" (Ps. 90). Clara Ragaz wurde dreiundachtzig Jahre alt. In stillen Altersjahren war ihr persönliches Leben erfüllt von Liebe, die sie bis zuletzt umgab. Sie konnte Anteil nehmen am Leben ihrer Kinder, Enkel heranwachsen sehen und sich der Verbindung mit gleichgestimmten Menschen erfreuen. Sie achteten in ihr zugleich den Mann, der auch ihrem Leben die Richtung gewiesen hatte. Es war ihrer beider gemeinsamer Weg, dem sie, an Leonhard Ragaz' fünfzigsten Geburtstag in einem kleinen Gedicht Ausdruck verliehen hatte:

Ein Wandern war's durch dunkle Schluchten,
ein Kampf mit Dorngestrüpp und Stein,
und oft umsonst die Augen suchten
nach eines Hoffnungssternes Schein.
Die Hände oft umsonst sich streckten
nach Weg- und Kampfgenossen aus;
Den ungebahnte Pfade schreckten;
Der sucht' sich eig'ne Pfädlein aus.
So war es meist ein mühsam Klimmen
in Dunkel, Einsamkeit und Not. –
Doch siehst du heute nicht erglimmen
den ersten Schein vom Morgenrot?
Hörst du nicht Tritt und Stimme andrer,
zwar unklar und verworren noch?
Täuscht dich dein Ohr? Sind es nicht Wandrer
wie du und Weggenossen doch?
Und darfst im ersten Morgengrauen
du, fern, gelobtes Land nicht schauen?

's ist nicht erreicht. 's ist nur ein Ahnen,
wohin sich unsere Wege bahnen.
Verheißung bloß ist's; doch sie schafft
zum Weiterwandern Licht und Kraft.

„Eine neue Welt können wir nur erwarten, wenn wir den Mut
haben, sie auf den Grundlagen der Liebe, des Vertrauens und
der Gerechtigkeit aufzubauen."
„Wir müssen Gott persönlich erleben, dann kommen wir nicht
mehr von ihm los. Und so komme ich nicht von ihm los, ge-
schehe, was da wolle, und spreche immer wieder mein: *Dennoch!*"
„Sie war immer dankbar für ihr arbeitsreiches und gesegnetes
Leben und für ihren friedlichen Lebensabend."

Drei durchaus verschiedene Aussagen, innerhalb der Familie
Ragaz aus ganz verschiedenen Anlässen zum Ausdruck ge-
bracht. Die erste ein Wort aus der Denkschrift „Die Frau und
der Friede" von Clara Ragaz. Die zweite ein Satz aus einem
Brief Leonhard Ragaz' an seinen Bruder Rageth im Jahr 1902.
Die dritte eine schlichte Feststellung aus der Todesanzeige im
Züricher Tageblatt vom 9. Oktober 1957 für Clara Ragaz.
Unter einem solchen Rückblick kann das Leben und Wirken
dieser Tatchristin noch einmal zusammengefaßt und ausge-
deutet werden:

Was ihr die „neue Welt" bedeutete, das hat sie nicht nur gesagt, sie hat sich eingesetzt in rastlosem Bemühen, eine fried-
lichere Welt zu ihrem Teil mitgestalten zu helfen. Dazu
braucht es der Pioniere, die sich mit ihrem Geist, ihrer Arbeitskraft, ihrem Mut und ihrer Liebe engagieren lassen.
Von Liebe, Vertrauen, Gerechtigkeit kann man nicht gültig
reden, ohne sie selber zu praktizieren im eigenen kleinen Leben und sie in der Öffentlichkeit auch überzeugungskräftig zu
vertreten. So handelte Clara Ragaz.

Als sie sich dem Manne verband, der mit aller Konsequenz des „Dennoch" im Bunde mit Gott stehen wollte, konnte sie sich vielleicht noch nicht in vollem Ausmaß darüber klar sein, was das Dasein an seiner Seite auch von ihr fordern würde. Sie erfuhr es, als er – vor allem durch das Eintreten für den religiösen Sozialismus in der Schweiz – in Gegensätze zu Kirche und Theologie und damit in innere und äußere Kämpfe geriet. Sie stand zu ihm und ging auf diesem Wege mit in der Freiheit eigener Entscheidungen. In seinem Ringen um das Glaubenswagnis und das Durchhalten in den Widerständen, die der Mensch zumeist erfährt, der abseits von der bequemen Straße der landläufigen Meinungen seinen eigenen Kurs steuert, brauchte er oft „den verstehenden Weggenossen". Eine solche Gefährtin war Clara Ragaz.

Ihr arbeitsreiches Leben bedeutete für sie nicht Last, sondern Gnade, den besonderen Segen über ihrem Dasein im Sinne des Psalmwortes: „Mein Los ist mir an lieblicher Stätte gefallen, ja, mein Erbe gefällt mir wohl" (Ps. 16). Die Bereitschaft als Ehefrau und Mutter war ihr so selbstverständlich wie das Schaffen für die Sache der Frau im öffentlichen Leben. So erfüllte sie ihre Aufgaben als die Partnerin, die hinter dem literarisch schöpferischen und dem mitmenschlichen Wirken ihres Mannes gestanden hat und dabei eigenständige Persönlichkeit blieb: Clara Ragaz.

Katalin Gerö

„Bringen Sie uns Ihr Herz und Ihren Geist mit, die werden Ihnen schon sagen, was Sie zu tun haben. Diese waren ja auch bisher Ihr Führer. Mehr, ein anderes Wissen braucht man nicht."

Das hatte Katalin Gerö zu bieten: ein Herz, das sich nicht vertreten ließ in der Liebe – noch niemals hatte vertreten lassen, weder in den guten Tagen noch in harten Anforderungen. Deren waren viele an sie herangetreten im Leben bis dahin. Sie hatte auch ihren Geist und Verstand zu bieten, nicht auf Schulen und Universitäten gebildet, sondern an den Erfahrungen eines an schweren Geschicken reichen Lebens gewachsen. Ihre angeborene Klugheit hatte sie selber ständig von sich aus erweitert. Herz und Geist waren ihr wahrlich zum Führer geworden in einem Dasein der Liebe und des Opferns.

Die Präsidentin des Budapester Frauenvereins steht vor Katalin Gerö. Diese gemeinnützige Vereinigung hatte in den Jahrzehnten vor und nach der letzten Jahrhundertwende in der ungarischen Hauptstadt eine großzügig-praktische Wohltätigkeit und erfolgreiche soziale Wirksamkeit entfaltet. Die Beauftragte stellt nun die Vierzigjährige vor die Aufgabe, als Direktorin das Budapester Waisenhaus mit siebenundvierzig Mädchen zu leiten – ohne Aufschub. Man traut ihr viel zu, denn an Vorkenntnissen für ein solches Amt bringt sie in der Tat nichts mit als ihre Übung im Umgang mit allem, was leidet, und die Barmherzigkeit und Opferbereitschaft, die notwendig dahinterstehen müssen. Noch niemals war sie in einem Waisenhaus gewesen, weiß nichts von seiner Organisation, nichts von Pflichten einer Direktorin dort. Der Vorstand des Frauenvereins weiß aber, was sie im Leben bereits geleistet hat.

Waisen – ja mit Waisen hatte sie es schon lange zu tun gehabt, aber das waren ihre Geschwister gewesen, das Kleinste davon erst zwei Jahre alt, als die Mutter heimgerufen wurde. In ihren letzten Lebensstunden vertraute sie ihrer jungen Tochter drei Brüder und zwei Schwestern an. Es ist aber etwas anderes, für die zu sorgen, die liebzuhaben bis zum letzten Opfer, denen man von Natur zugehört, als für unbekannte Kinder die Verantwortung zu tragen und für ihr äußeres Wohl und ihre innere Entwicklung zu bürgen. Es ist kein leichter Entschluß, ein öffentliches Amt nach dieser Richtung anzunehmen, wenn man keine konkreten Voraussetzungen dafür mitzubringen meint.

„Gehen Sie hin und schauen Sie es sich an" – das abschließende Wort der Präsidentin. Eine längere Krankheit bietet Katalin Gerö zunächst Gelegenheit, mit sich selber zu Rate zu gehen, ihr Leben bisher und das auf sie Zukommende zu überdenken.

Sie wählt den Weg derer, von denen Christus gesagt hat: „Wer ein solches Kind um meines Namens willen aufnimmt, der nimmt mich auf." So wird sie zur Mutter der Waisen: Mama Katalin. Ungezählten Kindern hat sie ihre Liebe geschenkt, sie hat sie aufgenommen in ihr Herz. Sie betritt eine Straße in die Zukunft, von der sie vorläufig nichts weiter weiß, als daß man die Tatkraft ihrer Hände und ihres Herzens brauchen wird.

Das ist der Eindruck, den sie bei ihrem ersten Rundgang im Waisenhaus gewinnt. Sie sieht kaum die verschiedenen Räumlichkeiten und Einrichtungen, sieht nur die vielen verlassenen Kinder; und ihr scheues, verschüchtertes Wesen erbarmt sie. „Machen Sie es besser", das Wort einer Vorstandsdame klingt ihr in den Ohren. Diese kleinen und größeren Waisenmädchen haben ihre Mütterlichkeit wahrlich nötig. Viele von ihnen wissen nicht mehr oder haben nie erfahren, was Zärtlichkeit und Liebkosung sind. Sie sollen es bald spüren. Mama Katalin, wie sie von jetzt an genannt wird, hat ja die einzige Anweisung: „Folgen Sie Ihrer Eingebung, machen Sie, daß es gut wird." Ihre Intuition aber heißt allein: Liebe üben an denen, die wohl bisher ihre äußere Ordnung hatten, die aber von Muttergüte nichts wissen und nichts davon, was ein Herz bedeutet, dem man auch die kleinen Nöte anvertrauen kann.

Harte Widerstände erschweren solche Vorsätze. Die beiden Lehrerinnen, die das Heim bisher leiteten, machen durch Ablehnung der ungewohnten Direktorin, machen durch ihr kränkendes Verhalten ihr gegenüber ungeahnte Schwierigkeiten.

Katalin bewahrt ihre versöhnliche Haltung, auch wenn man ihr Arbeiten zumutet, die ihr keineswegs zukommen. Sie weiß darum, daß Arbeit und Liebe zum echten Wohltun gehören. Das hat sie schon ihre Mutter gelehrt. Sie nahm das Kind mit in die Häuser der Armen im Dorf. Wo eine Bäuerin krank lag, mußte Katuska, so wurde sie damals genannt, die Kinder waschen und füttern, denn „den Armen zu helfen, kann man nicht früh genug lernen". Helfen ist nicht bequemes Bemitleiden, sondern Zupacken ohne Scheu vor schmutzigen Fingern.

Mama Katalins Hände können auch jetzt nicht ruhen, es ist viel in Ordnung zu bringen in Spinden und Schränken. Wacher muß ihr Herz sein. „Mutti, Mutter, Muttchen", ungewohnte Wörter bisher im Waisenhaus, folgen ihr, wo sie gerade schafft. Das Vertrauen der Kinder, das sie bald gewonnen hat, hebt sie über alle Anfechtungen der Mutlosigkeit hinweg.

Noch nie hat eine Mutter am Bett des sechsjährigen Mädchens gesessen, das auch sogleich die Arme um Mama Katalins Hals schlingt. Noch nie ist es von einer Mutter vorm Einschlafen liebkost worden. Mama aber hat den Schlafsaal betreten – nicht um zu kontrollieren, sondern einfach, um noch einmal bei den Kindern zu sein. Kein Wunder, daß es jetzt aus allen Betten ruft: „Zu mir auch!" Und sie erzählt den Lauschenden ihre selbsterfundenen Märchen, führt sie in nie geschautes Märchenland. Dann geht die Frau, hinter der so viel Lebensleid steht, hinüber in ihr eigenes Zimmer. Sie tritt zum Fenster und faltet die Hände. Wie oft hat sie das Danken vergessen über Seufzen und Sorgen! Sie wird mit den Kindern beten.

„Lerne arbeiten, mein Kind, nur so wirst du einmal befehlen können, wenn du zu arbeiten gelernt hast" – das war auch eine Lebensweisheit ihrer Mutter gewesen. Katalin kann sie jetzt nicht zum ersten Male in ihrem Leben brauchen. Lerne arbeiten! Jetzt muß sie auch befehlen, es gehört zu ihrer Stellung im Waisenhaus. Sie ordnet an im Ton der Bitte. An Autorität verliert man nicht durch Güte, sie wächst vielmehr eher durch Liebe als durch Strenge. Das müssen selbst die Damen vom Frauenverein schließlich einsehen, die, durch Einflüsterungen der Lehrerinnen beeinflußt, um die Disziplin der Kinder bangen. Wie willig und freudig gehorchen die, kommen jedem Auftrag am liebsten zuvor! Welcher Lohn winkt ihnen aber auch: Bei Mama im Zimmer arbeiten, gar an ihrem Bettrand sitzen dürfen, wenn sie einmal krank ist! Als man dieser Vorhaltungen macht, daß die Kleinen sie küssen dürfen – denn so etwas gehört nicht zu dem Erlaubten in einem Waisenhaus –, antwortet sie schlicht, aber fest: „Ich will, daß meine Kinder nie den Mangel an Liebe fühlen sollen. Sie sollen mir gehorchen, weil sie mich lieben, und nicht, weil sie mich fürchten."

Zum ersten Mal wird der Geburtstag der Leiterin inmitten der Mädchenschar begangen mit all dem fröhlichen Lärm, den Kinder machen. Das Geburtstagskind findet sein Zimmer früh am Morgen schon voll von Blumen und von Kindern. Die Schokolade und die Schlagsahne und reichlich Gebäck für alle, Kinder und Angestellte, sind das Geburtstagsgeschenk für Mutter Katalin von ihren Geschwistern.

Im Garten hinter dem Gebäude steht eine breitästige schattenspendende Kastanie. Die Kinder haben Ferien. Mama sitzt mit ihnen dort und erzählt ihnen eine Geschichte, die sich begab, als sie selber noch ein Kind war. Ihre Mutter hatte ihr für Ostern ein neues Kleid beim Schneider in der Stadt bestellt. Den Stoff zum Festgewand hatte er rechtzeitig erhalten. Katuska erinnerte nun täglich durch den Postboten, ja nicht ihr Kleid zu vergessen! Der Meister beruhigte sie täglich – das Kleid aber hatte er trotzdem Ostern nicht geliefert. Katuska hatte bittere Tränen vergossen. „Mein dummes kleines Mädel", rief die Mutter aus, „lerne es selbst nähen, und dein Kleid wird dann fertig sein, wann du willst." Daß die Mutter den Schneidermeister veranlaßt hatte, das Festgewand nicht rechtzeitig zu schicken, war eine ihrer klugen pädagogischen Maßnahmen gewesen.

„Wollt ihr Kinder auch", schließt Mama Katalin ihre Erzählung, „jedwede Arbeit selber lernen, damit ihr nicht auf andere angewiesen seid?" – „Wollt ihr auch – wie meine Mutter das nannte – gesegnete Hände haben, die alles selbst machen können?" Da liegt ein Berg zerrissener Kleider und Wäsche. Eine bezahlte Schneiderin müßte sie flicken. Nein, das wollen die Kinder nun selber tun. Ein Sturm bricht los. Sie fallen Mama um den Hals und brennen vor Arbeitseifer und vor Lust über dieses wunderbare Angebot, aus freiem Willen selber etwas schaffen zu können. Die Nähmaschine der Direktorin wird aus ihrem Zimmer unter den Kastanienbaum geschafft. Fünf größere Mädchen dürfen darauf nähen lernen. Selbstverständlich müssen sie sich bald Mühe geben, neue Hemden aus dem vom Frauenverein gespendeten Leinen auch selber zuzuschneiden. Manchen geht es flink von der Hand, manchen fällt es schwer. Gleichmäßig fröhlich aber singen und spielen sie alle am Abend und verspeisen Obst und Salzbrezeln als Belohnung für fleißige Arbeit. Ein rührendes Zeugnis ihrer Liebe geben die Mädchen, als sie an Mamas einfache Wäsche heimlich Spitzen nähen, die sie selber gefertigt haben.

Ebenso wie die Mutter der Waisen bemüht ist, ihre Schützlinge fürs praktische Leben geschickt zu machen, so sucht sie auch ihre Fragen nach den inneren Unsicherheiten, die gerade diese Elternlosen bewegen, zu beantworten. Da ist die Frage nach Gott. Das Suchen nach einem greifbaren Gott treibt ein kleines Mädchen um, bis Mama ihm eine Erklärung zuteil werden läßt, die das kindliche Gemüt begreifen kann: Liebe und Güte, auch die kann man nicht mit den Augen sehen, und genauso ist Gott unsichtbar. „Also siehst du, mein liebes kleines Mädel, so kannst du auch Gott nicht sehen. Aber in allem, was uns umgibt, in allem, was lebt und waltet, ist Gott." Das Kind schmiegt sich eng an die mütterliche Frau und fühlt, was man nicht mit Begriffen erklären kann: Liebe und Güte. Gott hat Einkehr in ein Kindergemüt gehalten.

Ein gerüttelt Maß an Arbeit kommt auf die Direktorin zu, als der Frauenverein beschließt, das Waisenhaus aus der Enge der Stadt nach außerhalb zu verlegen. Ein neuer größerer Bau in der Jókaigasse soll auch eine Vorbereitungsschule für künftige Lehrerinnen mit beherbergen neben den Ausbildungsstätten für Kindergärtnerinnen. Die Direktorin setzt ihren Ehrgeiz darein, erneuertes tadelloses Mobiliar „umziehen" zu lassen. Die Arbeit hört vom frühen Morgen bis zum späten Abend auch nicht auf, als dann im neuen Heim noch wochenlang Handwerker pochen und hämmern und kein Zimmer wirklich fertig ist. Das Haus ist weitläufig, und wenn die Direktorin an einem Ende bei der Wäscheausgabe ist, so braucht sie bestimmt der Architekt an einer anderen Ecke, wo er etwas mit ihr besprechen will. Die Zahl der Kinder hat sich von hundert auf einhundertsechzig erhöht, denn von nun an werden auch Halbwaisen aufgenommen. Es kostet Geduld und Mühe, diese aus einer anderen Umwelt kommenden Jugendlichen in das gegenseitige Vertrauen, das Mama Katalin zwischen sich und den Mädchen geschaffen hat, einzubeziehen. Mittenhinein aber tritt eine ganz neue Forderung an sie heran. Eine Leiterin der Anstalt, in der Vorbereitungskurse für das staatliche Lehrerinnenseminar stattfinden – eine Leite-

Katalin Gerö

rin, die selber niemals eine derartige Prüfung abgelegt hat? Das könnte zu Mißhelligkeiten führen. Katalin Gerö ist siebenundvierzig Jahre alt. Gewiß, ihr Wissen ist groß, aber sie hat niemals Schulunterricht im üblichen Sinne genossen. Sie hat von Kindheit an viel und vieles gelesen, sie hat nicht nur gelernt, was ihr Hauslehrer verlangte, sie hat mit den Brüdern, als sie das Gymnasium besuchten, frühzeitig mitgearbeitet. Sie hat später beide gewissermaßen durchs Examen geleitet durch Abfragen ihres Prüfungspensums und ist dadurch beschlagen in Anatomie und Jura. In ihrem Elternhaus hatte eine geistige Atmosphäre geherrscht, in der Kunst und Literatur gepflegt wurden. Aber sie hat keinen Abschluß! Mit der Note „vorzüglich" legt sie dennoch die Vorprüfung ab, die notwendig ist, um überhaupt mit dem Gesuch um Zulassung zur Prüfung Erfolg zu haben. In drei Monaten soll sie nun den Lernstoff von vier Jahren bewältigen in den Wochen, die zugleich volle Konzentration auf die Einrichtung des neuen Gebäudes fordern. Es gibt Lehrfächer, von denen sie keine Ahnung hat: Algebra, Musiktheorie – andere freilich, in denen sie jungen Prüflingen weit überlegen ist: Literatur, Geographie, Geschichte. Die schriftliche Prüfung ist ganz nach ihrem Herzen und bildet einen guten Auftakt: Rousseaus „Emile" kennt sie ganz genau. Dieses Thema gibt ihr außerdem Gelegenheit, Vergleiche zu ziehen zu dem von ihr geschätzten Pestalozzi. Sieben Stunden scharfe mündliche Prüfung vor zweiundzwanzig Gestrengen, männlichen und weiblichen Geschlechts. Eine Frau, die bisher ihr Amt ohne Diplom mit Erfolg geführt hat, beweist nun auch ihr theoretisches Wissen und erhält nach wenigen Tagen das hochwichtige Dokument ausgehändigt.

Die Überanstrengung der letzten Wochen rächt sich aber doch mit totaler Erschöpfung des Gehirns, die sich durch eine merkwürdige Krümmung der Finger nach rückwärts gegen den Handrücken bemerkbar macht. Ein Aufenthalt an der Adria, ihre erste große Erholungsreise, bringt Heilung.

Inzwischen geht im eigenen Lebenskreis der Mutter der Waisen eine Tragödie ihrem Ende zu. Die Hinfälligkeit von Katalins jüngster Schwester, Szerena, ist nicht mehr zu übersehen. Die sterbende Mutter hatte sie ihr als zweijähriges Kind anvertraut, und Katuska hatte für sie gesorgt, hatte sie behütet als ein Kleinod. Vor einer Enttäuschung, die ihre Lebenshoffnung zerstörte, hatte sie Szerena nicht bewahren können. Der Kummer zehrte an ihr; unmerklich nach außen hat ihr Herzleiden sich verschlimmert. Oftmals kommt sie zu Katalin ins Waisenhaus. Sobald sie aber erscheint, ist sie mit ihrer noch immer sprühenden Lebendigkeit der Mittelpunkt in der Mädchenschar. Sie verbreitet nicht nur Heiterkeit um sich, sondern bei ihrer Begabung für mancherlei Handfertigkeiten lehrt sie die Waisen auch viele nützliche Dinge, zum Beispiel das Klöppeln feiner Spitzen. Nun ist dieses junge Leben zu Ende.

Schon oft in ihrem Dasein ist für Katalin schweres Leid zur Quelle um so größerer Liebe geworden: „Es darf nicht sein, daß der Mensch nur seinem Schmerz nachhängt. Der Schmerz gehört mir allein, mein Leben aber nicht mir."

Sie gibt der Freude Raum. Zum ersten Mal findet in einem Waisenhaus die Hochzeit eines ehemaligen Zöglings statt; eines der Mädchen hat einen Lebensgefährten gefunden. Mama Katalin macht das Ereignis zu ihrer Angelegenheit. Die Kapelle ist mit Blumen geschmückt, und die dreißig Hochzeitsgäste des Paares, deren Einladung die Direktorin lächelnd gestattet hat, stehen um den Altar. Im Speisesaal ist festlich gedeckt, und alle nehmen teil am Mahl, der Vorstand des Frauenvereins und alle einhundertsechzig Waisen. Mama Katalin hat nun einen Schwiegersohn!

Schwere Niedergeschlagenheit bis zur Lebensmüdigkeit befällt sie, als der zweite ihrer Brüder, Kariko, nach schwerer Krankheit heimgerufen wird. Besondere Bitterkeit des Schicksals, daß sie nicht bei dem Kranken sein kann, weil im Waisenhaus eine Scharlachepidemie ausgebrochen ist. Erst nach umständlichen Desinfektionsmaßnahmen kann sie an sein Sterbelager eilen.

„Es darf nicht sein, daß der Mensch nur seinem Schmerz nachhängt." –

Katalin gehört zu den Tapferen, die hinter den Verlusten in ihrem Leben immer wieder zum Dank zurückfinden für das, was ihnen geblieben ist. Da sind Karikos Witwe und sein Kind. Noch besitzt sie auch ihre Schwester Paula, die, obwohl sie eine eigene Familie hat, nach dem Abgang jener ersten beiden Lehrerinnen im Waisenhaus mehrere Jahre einen Teil des Unterrichts übernommen hatte.

Nach einer schweren Operation setzt sich die Direktorin wieder voll ein in ihrem Pflichtenkreis. Jedes der Mädchen soll sich bewähren, wenn es aus der Geborgenheit im Waisenhaus hinausgeht und in der neuen Umwelt Anfechtungen und Versuchungen ausgesetzt ist. Alle haben eine gute Ausbildung und eine ethische Ausrichtung erfahren. Mama Katalin verfolgt ihren Weg weiter, sie besucht die Mädchen und ihre Dienstherrschaften. Eines ist Kindergärtnerin geworden, ein anderes Erzieherin, ein drittes dient vielleicht als Hausgehilfin. Wie eine Mutter hält die Direktorin die Verbindung mit ihnen aufrecht. Viele schreiben ihr im Laufe des Jahres Briefe und erwarten ihre Antworten auf manche Lebensfrage. Immer neue Schicksale kommen auf Mama Katalin zu. Wenn ihr eines und wieder ein verwaistes Kind in die Arme gelegt wird, erlebt sie ihre Schicksale mit. Sie kann erschütternde Geschichten davon erzählen und hätte es auch gern getan. Es wäre ein Buch voll psychologischer Erkenntnisse geworden, voller Aufschlüsse über die Entwicklung von Charakter und Begabung. Die Niederschrift war bereits begonnen, als der Vorstand davon erfuhr. Er unterbindet – engherzig genug – die Fortführung der Aufzeichnungen aus falscher Sorge. Als ob eine Katalin Tagesaufgaben darüber versäumen könnte!

Auch ein Leben, das sich in einem abgeschlossenen Arbeits-
bereich vollzieht, bedarf der Anregungen von außen, wenn es
fruchtbar bleiben soll. Katalin Gerö will nicht haftenbleiben
am Alten, denn mit jeder neuen Kindergeneration, die in das
Waisenhaus eintritt, sind andere Probleme verbunden und
neue Aufgaben zu lösen. Deshalb erweitert diese immer noch
vitale Frau nun ihr Blickfeld durch Ferienreisen nach Italien,
der Schweiz, Spanien, Deutschland und Frankreich. Was sie
erlebt, kommt ihren Kindern zugute, die ihre Rückkehr jedesmal gespannt erwarten.

Im Jahre 1914 – nach Beendigung des Schuljahres – folgt sie
ihrer Sehnsucht nach dem Land der Mitternachtssonne. Der
Kriegsausbruch überrascht sie. Auf der Rückreise erfährt sie
in Stockholm, daß auch in Ungarn schon Krieg herrscht.
Kriegsbegeisterung in Berlin. Kriegsbegeisterung in Budapest. Fast hätte sie sich davon mitreißen lassen. Ein Wort
ihrer Schwester Paula rüttelt sie auf: „Im Kriege fliegen Ku-
geln, Katalin." Da sieht sie nicht mehr die wehenden Fah-
nen, hört nicht mehr die begeisterten Lieder. Das nachfol-
gende namenlose Elend greift ihr ans Herz.

Der Krieg sucht sich auch Eingang ins Waisenhaus: Ein-
schneidend wirken Brotkarten, Heizungs- und Lichtschwierig-
keiten. Die messingnen Mörser, die kupfernen Kessel, sogar
die Türklinken gehen den Weg wie die kleinen Schmuckstücke
der Kinder. Kriegsende mit noch tieferem Erschrecken für
die Waisenhausmutter: kein Brot, keine Heizung, keine Betten, keine Kleidung in genügender Menge. Und Geld ist auch
nicht vorhanden. Schließlich kommt die Anweisung, die Kinder bis auf einen Rest von fünfundzwanzig zu den Verwandten
zu schicken. Katalin behält auf eigene Faust etwa zehn Kinder mehr, die Verlassensten. Einhundertsechsundzwanzig
Mädchen hinauszuweisen in einer Zeit, in der Hunderte von
Kriegswaisen vor der Türe stehen! Verwaiste Räume an Stelle
verwaister Kinder, mehr abgeschlossene als offene Türen in
dem großen Gebäude. Als die brüderliche Hilfeleistung frem-

der Staaten wieder eine größere Zahl von Kindern, vor allem Kriegswaisen, aufzunehmen ermöglicht, bringen diese ganz neue Sorgen mit sich. Sie sind in der harten Nachkriegszeit verwildert, sind das Straßenleben gewöhnt, und Disziplin fällt ihnen schwer. Es gehört viel Liebe und Nachsicht dazu, sie einzugewöhnen.

Nach und nach stellt sich heraus, daß das Gebäude starke Bauschäden aufweist, eine Decke stürzt ein. Da beschließt der Frauenverein, es zu verkaufen. Für die jetzt so viel geringeren Möglichkeiten der sozialen Waisenhilfe genügt auch ein kleineres Haus; ein bisheriges Sanatorium erweist sich als geeignet. Inzwischen ist Mama Katalin an ihrem siebzigsten Geburtstag im Jahre 1923 zur „lebenslänglichen Direktorin des Waisenhauses" ernannt worden. Sie muß sich nun also mit dem Gedanken vertraut machen, noch einmal umzuziehen. Ein schwerer Packen Herzenslast: das Haus verlassen zu müssen, in dem doch sozusagen jedes Stück Hausrat irgendwie gezeichnet ist von ihrer Hände Arbeit und das ganze Haus den Stempel ihrer geistigen Führung trägt. Ein hartes Scheiden wird es werden.

In solcher Stimmung drängen sich nur zu leicht Erinnerungen an Vergangenes auf. Man wünscht manches zurück, beschwört anderes nicht gern herauf. Welcher Mensch aber sehnte sich nicht noch einmal dahin, wo er jung war, wo er litt und glücklich war? Mama Katalin ruft sie alle ins Gedächtnis zurück, die Stätten und die Menschen, die einmal ihr Dasein ausmachten, angefangen von dem Heimatdorf und den Bewohnern des „Ahnenheims", in dem sie geboren ist.

So ziehen sie vor ihrem geistigen Auge vorüber, Gestalten und Geschehnisse, die ihr Leben prägten:
Für die bisher so glückliche und fröhliche Familie Gerö im Dorf Hévizgyörk im Komitat Pest in der ungarischen Ebene

waren bittere Wochen hereingebrochen. Mehr und mehr wurde es zur Gewißheit, daß Mutters Leiden unheilbar, mit ihrer Genesung nicht mehr zu rechnen war. Mutter war aber nicht nur der Mittelpunkt der kinderreichen Familie, sondern nach dem Tod der Ahne des Benköschen Besitztums auch das Haupt der Gutswirtschaft. Seit zweihundert Jahren bewirtschaftete diese Familie das Pachtgut, Teil des Großgrundbesitzes eines ungarischen Fürsten. Sohn um Sohn hatte das Vatererbe weiterentwickelt bis zum angesehensten Anwesen im Dorf. Mitte des 19. Jahrhunderts hinterließ ein Benkö seiner Witwe das Gut, aber keinen Sohn. So ging das Pachterbe auf den Mann der zweiten Tochter Sophie über.

Sophie Benkö schloß, achtzehnjährig, die Ehe mit dem zwanzigjährigen Ladislaus Gerö. Sie bewies mit dieser Bindung an den Mann, der weder eine angesehene Stellung bekleidete noch Vermögen besaß, ihre Lebensauffassung. Er war klug und geistig interessiert, ein Freund von Literatur und Wissenschaft. Um Ackerpflug und Sense kümmerte er sich freilich wenig. Diese Sorgen überließ er gern der Ahne und später seiner Frau Sophie.

Als Ladislaus dann krank und verwundet aus dem ungarischen Freiheitskampf zurückkehrte, war es selbstverständlich, daß seine tatkräftige und tüchtige Frau die „Gutsherrin" blieb. Er widmete sich den öffentlichen Angelegenheiten in der Gemeindeverwaltung. Daneben las er die deutschen Dichter Goethe und Schiller, Lenau und Freiligrath, um derentwillen er sich auf autodidaktischem Wege in ihrer Muttersprache ausgebildet hatte. Die ungarischen Schriftsteller kannte und liebte er gleicherweise. Obwohl er als Pole geboren war, wollte er ein echter Ungar sein und bewies das äußerlich dadurch, daß er sich zeitlebens mit der ungarischen Nationaltracht kleidete. Sophie wußte mit dem Feingefühl der liebenden Frau alle Gutsangelegenheiten so zu lenken, daß es nach außen den Anschein hatte, als ob der Mann die Führung in der Hand habe. Ein Zeichen dafür, wie sehr sie ihn achtete und verehrte in seiner menschenfreundlichen und warmherzigen Art. Die Kinder erfuhren den Segen eines Elternhauses, in dem Harmonie und Heiterkeit selbstverständliches Lebenselement waren und der Freude an den schönen Dingen auch im Alltag Raum gegeben wurde. Die Mutter verstand es, mit kluger Lebensweisheit Charaktere zu erziehen, nicht mit vielen Worten und Mahnungen, sondern durch Hinführung zu eigener Einsicht.

Vier Kinder waren ihnen zunächst geschenkt: der Sohn Miksa und zwei Jahre nach ihm – am 28. Mai im Jahr 1853 – die Tochter Katalin, die sie Katuska nannten. Dann wurde Károly geboren, der zeitlebens mit Kosenamen Kariko genannt wurde, und nach ihm noch Joska, „das Brüderchen". Niemand ahnte damals, daß Katalin frühzeitig schon in eine große Verantwortung gestellt werden würde. Noch war das Kinderleben ungetrübt.

Als Miksa sechs Jahre alt geworden war, sollte ein Hauslehrer ihn auf das Gymnasium vorbereiten. Die kleine Schwester Katuska wollte durchaus an den ersten Lese- und Schreibversuchen teilhaben. Sie war nicht zu bewegen, das Unterrichtszimmer zu verlassen. Mutter entschied: „Wenn du einen ganzen Strumpf fertig gestrickt hast, darfst du Buchstaben lernen." Wie schrecklich langweilig wächst doch solch ein Strumpf, selbst dann, wenn man ihn nach jeder Nadelrunde langzuziehen versucht! Hoch oben im Geäst des alten Maulbeerbaumes vollbrachte Katuska schließlich doch das Wunderwerk. Den zweiten hat allerdings die Mutter selber gestrickt. Der Maulbeerbaum blieb Jahre hindurch ein Stück Kinderparadies. Es ließ sich da oben gemeinsam mit Kariko auch so ungestört lesen, und Lesen verbot Mutter nicht. Man konnte sich dann sogar sein Frühstück an einem kräftigen Bindfaden heraufziehen.

Nicht immer geht eine Kletterei ohne Schaden für die Kleider ab, Katuska hat sich den Mantel zerrissen. Mutter mahnte doch immer, einen Fehler möglichst selber wiedergutzumachen! Nun, da hängt ja, wie gerufen, des Erziehers neuer Sonntagsrock an der Garderobe. Also hurtig einen ordentlichen Flecken herausgeschnitten und auf das Loch im Mantelärmel gesetzt! So hatte es die Mutter natürlich nicht gemeint! Aber hat nicht auch der große Reformator Martin Luther noch als würdiger Hausvater zum Flicken seiner Kutte ein passendes Stück aus Hänschens neuer Hose geschnitten?

Das Leben im Ahnenheim wurde immer dann besonders geistig anregend, wenn Miksa und Kariko aus dem Internat in der Stadt in den Ferien nach Hause kamen. Die beiden brachten gewissermaßen die modernen Strömungen von Literatur und Kunst mit. Sie deklamierten die Gedichte ungarischer und fremder Dichter, lasen Volkserzählungen der Heimat vor. Man diskutierte über Kunst und Wissenschaft der Zeit. Das waren Hoch-Zeiten im Jahreslauf für Katuska, die der Mutter fleißig im Haus und in der Wirtschaft zur Seite stand. Auch in der Pflege der kleinen Schwestern Paula und Szerena, die zehn und zwölf Jahre nach Joska geboren wurden, leitete Frau Gerö ihre große Tochter an. War es der Instinkt einer Mutter gewesen, der Frau Sophie veranlaßt hatte, ihre Älteste frühe schon zu praktischem Handeln und zur Verantwortung zu erziehen? War es ihr Ahnungsvermögen, daß sie Katuska oftmals mitnahm in die Häuser der Ärmsten im Dorf, an denen sie selber Liebeswerke ausübte, die ihr das Attribut „unsere gütige, unsere gnädige Frau" eintrugen? In ihrer barmherzigen Gesinnung begegnete sie sich durchaus mit den sozialen Anschauungen ihres Mannes.

Katuska steht am Sterbebett der Mutter und nimmt das schwere Vermächtnis entgegen, das diese ihr ans Herz und in die Hände legt: „Du darfst nicht weinen, Katuska. Was soll aus den Kindern werden, wenn du um mich weinst. Versprich mir, daß du nicht weinen willst." Damit hat die Sterbende auf die jungen Schultern das Wohl und Wehe von fünf Geschwistern gelegt.

Das junge Mädchen ist durch die Erziehung ihrer Mutter gut gerüstet. Wie schwer es aber dennoch einmal werden würde, das hat es nicht geahnt, erfährt es jedoch hernach. Zugleich freilich auch das andere: welche Kraft eine Mutter zu vermitteln vermag, die selber ihr Herz allem Leid und allen Leidenden offengehalten und mit beiden Füßen in den Realitäten der Lebensforderungen gestanden hatte. Nun ist ihre Familie verwaist von ihrer Fürsorge, der Hof ist verwaist von ihrer Umsicht. Da hat Katuska zuerst einmal allen Mut verloren. Sie weint nicht – aber nicht, weil sie tapfer ist, sondern sie kann nicht weinen. Wie soll sie das schwere Gelübde erfüllen, das sie an die Mutter bindet? Sie handelt zwar, tut das Notwendige. Aber es ist, als sei ihr das gegebene Versprechen eine nur äußerlich zu erfüllende Pflicht. Die Last des Haushalts ruht auf ihr, die Kleinen sind auf ihre Pflege angewiesen – hat aber ihr Herz Anteil daran? Das ist auf dem Kirchhof in der nahen Stadt, wohin sie Mutter gebettet haben.

Eine Begegnung reißt Katuska aus ihrer beängstigenden inneren Teilnahmslosigkeit, die wie eine Krankheit über sie gefallen ist. Die Witwe des ungarischen evangelischen Dichterpfarrers Michael Tompa, dessen Gedichte und Volksmärchen sie gut kennt, findet das erlösende Wort für sie: „Der stirbt nicht, den man liebt." – Nur dann aber lebt er weiter, wenn auch die Liebe, die er selber im Leben übte, ganz praktisch weitergetragen wird. Der schlichte Satz dieser erfahrenen Frau soll noch oft Hilfe und Ansporn für Katuska werden, Verluste nicht nur zu ertragen, sondern sie zu tragen, ohne sich im Schmerz aufzugeben. Nicht durch Trauern leben die Toten weiter, sondern durch die Liebe, die ihr Werk aufnimmt und fortsetzt. Katuska versteht es jetzt. Miksa ist inzwischen Student der Medizin in Wien, und Kariko bereitet sich auf das juristische Studium vor – aber da sind die drei Kleinen. Wie notwendig jedoch die großen Brüder eine verstehende Schwester brauchen, erfährt diese bald.

Ist das Wort der Frau Tompa nicht auch das Siegel auf Mutters letzte Bitte: Weine nicht – nimm meine Stelle ein bei deinen Geschwistern? Der Vater ist von vornherein nicht gerüstet, mit seinem Geschick fertig zu werden. Er erkennt dabei aber nicht, daß die geliebte Frau nicht nur die Gefährtin war, die er nun entbehrt, sondern daß es ihr Verdienst war, daß die Gutswirtschaft auf der Höhe blieb. Er läßt sie absinken, ohne daß er das weiß. Pacht- und Arbeitsverträge werden trotz Mahnung der erwachsenen Kinder nicht erneuert, Steuern sind rückständig, die Landarbeiter haben keinen Herrn, der mit der Bewirtschaftung der Felder Bescheid weiß.

Unbegreiflich aber der Schritt, den Ladislaus Gerö nicht lange nach dem Tod Sophies zu seiner persönlichen Erleichterung unternimmt: Er heiratet eine Witwe mit fünf Kindern und hat nun für elf zu sorgen, zu denen später noch zwei hinzu geboren werden.

Wie schwer und hart für Katuska, die innerlich durch den vorschnellen Schritt des Vaters tief verletzt ist, der neuen Mama gegenüber die Haltung zu wahren, die die Harmonie im Hause sichert! Der Vater hat nicht erkannt, daß er ihr die Zügel der Wirtschaft hätte anvertrauen können; er weist sie auch jetzt zurück, wenn sie an Dinge mahnt, die zu den Pflichten eines Pächters gehören. Und wieder gibt ihr ihrer heimgegangenen Mutter Lebensklugheit die rechte Weisung, Nachsicht zu üben. Und so prüft sich die oft Verzagte jeden Abend nach wahrlich schweren Tagen, ob sie recht gehandelt hat. Sie faltet die Hände und nimmt sich vor, Fehler gutzumachen. Die neue Frau im Hause ist guten Willens, aber unfähig, mit Weitblick zu handeln. Vater erfährt von Katuska kein ungutes Wort. Sie begütigt vielmehr die empörten Brüder. Ohne ihre Initiative wär es schon viel früher zu der Katastrophe gekommen, die sich vorbereitet.

Miksas Examen steht bevor, nur Katuskas eigene Ersparnisse ermöglichen ihm, die Prüfungsgelder zu zahlen. Kariko reist mittellos nach Budapest, das Studium der Rechtswissenschaft aufzunehmen. Vater macht sich in seiner Harmlosigkeit den

Realitäten des Lebens gegenüber keine Gedanken um die Kosten für die Ausbildung der Söhne. Er weiß nichts davon, daß Kariko beim Auspacken seines Koffers einen verschnürten Zigarrenkasten, bis oben hin vollgefüllt mit Vierkreuzerstücken, findet. Katuska – große Schwester – Stück um Stück hast du sie gesammelt seit deinen Kindertagen!

Drei finstere kalte Nächte im Januar, drei unbarmherzig winterhelle sonnige Tage, die das Unglück ins Licht stellen. Die Tragödie des zweihundert Jahre alten „Ahnenheims" der Benkö-Gerös war nicht mehr aufzuhalten gewesen. Katuska auf der Dorfstraße inmitten des wenigen Hausrats, der ihnen geblieben ist. Was war geschehen? Ladislaus Gerö hatte sich mit einem gewissenlosen Betrüger verbunden; doch der, von dem er wirtschaftliche Hilfe erwartete, hat Schande über die Familie gebracht. Zum ersten Mal war der Pachtzins nicht pünktlich gezahlt worden. Das alte herrschaftliche Pachtgut ist mit allem Inventar verpfändet. Der Notar hat das Haus versiegelt, der neue Pächter es bereits mit Beschlag belegt. Wenig bleibt: Lebensmittel, Wäsche, Hauswirtschaftsgerät; Katuska geht auf der Gasse auf und ab. Nur eine Nacht noch möchte sie im Hause sein dürfen! Kariko wird gerade diese Nacht heimkommen und nach seiner Gewohnheit nicht das Tor benutzen, sondern über den Zaun springen und sie unter ihrem Kammerfenster im Morgendämmern wachsingen wollen! Kariko, der fröhliche „Singvogel", dem schöngeistige Dinge schon damals viel näher lagen als Jurisprudenz. Die Sterne des Winterhimmels über sich, Dunkel im Herzen, so lauscht die Schwester auf seinen Schritt. In ihrem betäubenden Schmerz hat sie nicht wahrgenommen, daß Joska, das „Brüderchen", mit ihr wacht. Ihn trifft das Unglück am härtesten. Zu einem Studium für ihn war sowieso kein Geld dagewesen. Seine landwirtschaftliche Ausbildung hat nun zunächst auch ihren Sinn verloren.

Die neue Familie weiß nichts von der besonderen Tragik des

Geschickes: Ladislaus Gerö hatte nach seines Vaters Tode Wohltat über Wohltat an seinen verwaisten Schwestern geübt, hatte ihnen eine Existenz gegründet und ebenso an anderen armen Verwandten gehandelt. Jetzt ist kein Geld da für die Ausbildung der eigenen Söhne.

Katuska hat manchmal den Groll gegen die neue Mama und gegen die arrogante Schwester Terska hart niederkämpfen müssen. Als jetzt die niedergebrochene Frau mit einem Säugling auf dem Arm und einem Kind am Rockzipfel von der Gasse weg bei barmherzigen Nachbarn aufgenommen wird und von dort schließlich mit Vater und allen Kindern in die armselige Weigelhütte zieht, vergibt ihr Katuska. Auch für ihren Vater kennt sie nur Erbarmen: „Armer Vater." Welch grausamer Gegensatz zu dem traulichen Ahnenheim mit seinen fröhlichen Bewohnern ist diese Bauernkate!

Katuska aber trägt noch einen Kummer, nicht geringer als der um materielle Verluste. Der Jugendfreund, dem sie sich so verbunden glaubte, daß sie sich um seinetwillen anderen Bewerbern versagt hat, bleibt jetzt fern, jetzt, da sie seines Zuspruchs so sehr bedurft hätte. Rudi schweigt, er muß sich viele Jahre danach mit einem „Zu spät" aus Katuskas Munde abfinden, als deren Leben längst ein Aufopfern für andere geworden ist, das ihre ganze Persönlichkeit fordert: „Mein Leben gehört nicht mehr mir." Den Ehering seiner Mutter, den ihr Rudi vor seinem frühen Tod dann schickt, nimmt sie als eine Bindung an ihn an.

Neben bitteren Erfahrungen werden ihr auch Erlebnisse der Treue und Menschlichkeit zuteil. Der Mann einer Freundin ersteigert für Katuska ihre Wäscheaussteuer, den Bücherschatz, an dem ihr Herz hängt, und ihre Nähmaschine, das letzte Geschenk von ihrer Mutter zurück. Manches unentbehrliche Stück haben auch getreue Nachbarn für sie gerettet. Nicht alle haben vergessen, wie großmütig im Geben Ladislaus Gerö war, wieviel Güte Frau Sophie an Arme verschwendet hat, ohne nach deren Verdienst zu fragen.

Miksa kommt eines Tages in die Weigelhütte und sieht da Katuska inmitten der auf wenig Raum zusammengepferchten dreizehnköpfigen Familie. Sie näht und flickt für alle die armselige Kleidung zusammen. Miksa hat in der edelmütigen Gesinnung eines Gerö auf die Universitätslaufbahn verzichtet und sich als Landarzt in einem entfernten Distrikt niedergelassen. So wird er der Familie schneller helfen können. Ein Plan erfüllt jetzt die Geschwister. Katuska will mit dem Bruder gehen, ihm die Wirtschaft führen; und später werden sie die kleinen Mädchen Paula und Szerena zu sich holen und auch Joska helfen können.

Bald gewinnen die tüchtigen Geschwister Freunde im Provinzstädtchen, verkehren im Pfarrhaus und bei Apothekers. „Getreue Freunde und gute Nachbarn" machen es bald zu ihrem eigenen Anliegen, daß die beiden Gerös ein hübsches Haus mit Garten finden und Möbel – auf Raten zu zahlen – in Aussicht stehen. Es wird alles nicht ganz leicht werden, aber die Erwartung macht jetzt schon froh.

Ein erschütternder Satz in Katuska Gerös Selbstbiographie: „Drei Tage später haben wir ihn beerdigt." Was war geschehen? Miksa hat sich – als tüchtiger Arzt in ein weit entferntes Dorf zu einem durch tödliche Brandwunden verletzten Bauernburschen gerufen – an dem Patienten infiziert. Anstatt mit Matuska zum Möbelkauf zu fahren, liegt er hoch fiebernd im Bett, die Schwester weicht nicht von seiner Seite. Sie wissen beide ebensogut wie der sofort herbeigerufene „Onkel Doktor", Vaters Bruder, der in einem nicht zu weit abliegenden Ort praktiziert, um den furchtbaren Ernst und leugnen ihn nicht vor sich selber. – Nein Katuska ist keine Heldin des Schmerzes, sie hat sich niemals für die ausgegeben, die heroisch über ihrem Geschick steht und es von vornherein meistert. Wie bei Mutters Tod bricht sie körperlich und seelisch vollkommen zusammen. Sie läßt sich fallen – aber sie erhebt sich wieder aus der seelischen Tiefe – nicht durch ihren Lebens-, sondern durch ihren Liebeswillen.

Wie war das doch, als der herbeigerufene Kariko am Bett des sterbenden Bruders gekniet hatte und dieser ihm zuhauchte: „Schade um unsere schönen Pläne, aber du wirst sie mit Katuska verwirklichen!" Bedeutete das nicht ein zweites Vermächtnis, das ihr ans Herz und in die Hände gelegt war? Der Ruf, es anzutreten, kommt nur zu bald. Kariko ist, erschüttert durch Miksas Tod, in eine schwere Apathie verfallen. Ein Freund schreibt es Katuska. Dort ist jetzt ihr Platz, in Budapest bei Kariko.

Zum ersten Mal empfindet sie, daß sie keine Berufsausbildung hat, die ihr ermöglichen könnte, für Kariko und sich zu sorgen. Sie besitzt ein reiches Wissen, aber keinen abgestempelten Abschluß. Als sie mit Miksa aufs Examen lernte, hat sie sich Kenntnisse in Anatomie und auf anderen medizinischen Gebieten erworben, die manchen Studenten beschämen könnten. Was nützt es ihr?

Mittellos und ohne Aussichten tritt sie die Reise an. Das Geld, das aus des Bruders Nachlaß erhandelt ist, läßt sie zurück. „Onkel Doktor" hatte sie wohl mit Liebe aufgenommen nach dem schweren Schlag. Die Tante aber ist geizig, deshalb läßt ihr Katuska das Geld als Entschädigung für den kurzen Aufenthalt. Es bleibt ihr selber nur der Betrag für die Fahrkarte bis Miskolecz, von dort wandert sie die Landstraße auf Budapest zu, einen ganzen Tag. In der Handtasche hat sie zwei Semmeln und ein Stück Brot. Ein Fuhrwerk nimmt sie das letzte Stück Wegs mit, sie fahren eine Nacht hindurch. Am Morgen ist sie in der Hauptstadt.

Auf der Elisabethpromenade in Budapest sitzt ein fremdes Mädchen, verstört, ausgehungert, frierend. Fast unbewußt nimmt es ein Wort aus dem Munde einer neben ihm sitzenden Frau auf, die eine andere tröstet: „Gott wird schon helfen." Gott? Daran hatte Katuska nicht gedacht. „Wann habe ich zuletzt gebetet? Ich bin doch in einem religiösen Hause erzogen. Ich habe nie einschlafen können, ohne mein Nachtgebet verrichtet zu haben. Nun ist der Glaube in mir ganz abgestorben." – Nicht tot, nur verschüttet von der Last des Leides. Sie hat wieder beten gelernt – beten mit Dank in vielen guten Stunden – beten in tiefem Schmerz – und später beten an Hunderten von Kinderbetten. Sie hat wahrscheinlich nicht viel von Gott geredet, aber er hat sie angesprochen, und sie hat gehandelt.

Einsam verweilt sie auf der Anlagenbank in der fremden Stadt und faßt den Entschluß, ihr eigenes Ich, ihre Wünsche, ihre Hoffnungen aufzugeben und ihr Leben für die Kinder zu opfern, die eine sterbende Mutter zurücklassen mußte: Kariko, Joska, die Kleinen Paula und Szerena. Nur so kann Mutter es gemeint haben, nur so erwartet es Miksa von ihr. Als sie Kariko endlich aufgesucht und ihn zu neuem Lebenswillen emporgerissen hat, bittet sie ihn, sie nie mehr Katuska zu nennen. Katuska ist nicht mehr. Der Bruder nennt sie Katalin. Und Katalin bleibt sie bis an ihr Lebensende.

Die Nähmaschine surrt, es ist späte Nacht. Katalin ist allein noch wach. Sie hat endlich Kariko zu Bett geschickt. Morgen früh muß er wieder in der Advokatenkanzlei arbeiten. In den Abendstunden aber konnte er seiner Neigung und seiner angeborenen Begabung nachgehen, konnte Feste für den literarischen Klub, dem er schon lange angehört, vorbereiten. Er blüht auf, mit Katalin bespricht er zuvor seine Reden, seine Deklamationen im Zirkel. Er ist der beliebte, immer heitere Initiator. Der „Singvogel des Ahnenheims" kommt wieder zum Vorschein. In der Stille überdenkt die Schwester, wie das alles sich wunderbar gefügt hat. Hand und Fuß bleiben dabei an der Maschine, oft die ganze Nacht.

Was hatte sie damals in der Elisabethpromenade veranlaßt, jene ihr unbekannten Mädchen, die zufällig aus einem Geschäftshaus kamen, nach ihrer Arbeit zu fragen und den Mut zu fassen, als Ungelernte im gleichen Betrieb um Einstellung als Nähhilfe zu bitten? Was hatte den Chef dort bewogen, sie anzunehmen, eine Fremde, die von vornherein sagte: „Ich kann nichts, aber ich will!"? Er hat es mit ihr gewagt. Der Verdienst ist nicht hoch. Es ist ein harter Winter in der kleinen Hinterhofwohnung, die die Geschwister gemietet haben. Es reicht selten, ein Mittagessen für drei auf den Tisch zu stellen, denn sie haben die überglückliche Paula aus dem Heimatdorf zu sich geholt. Oftmals begnügen sie sich mit einer Tasse Kaffee – vielleicht, daß dann wenigstens etwas Kräftiges zum Abendessen für Kariko beschafft werden kann. Sie haben nicht nur gehungert, sie haben auch gefroren. Heizmaterial ist teuer. Und doch sind es glückliche Monate!

Noch immer dienen zwar Kisten und Koffer, in denen Vater Katalins Aussteuer geschickt hat, als Tisch und Stühle, schön mit Decken drapiert. Von jedem Verdienst Karikos wird ein Stück Hausrat gekauft, zuletzt das Tablett für ihre drei Kaffeetassen, das Tablett mit den roten Rosen, den gelben Lilien und Vergißmeinnicht und dem Schmetterling! Katalin wäre ein schlichtes lieber gewesen, aber sie will Kariko die Freude nicht verderben. Er besingt alle Morgen die Poesie ihrer Erwerbung. Er besingt sogar die neue Waschschüssel, in der das Wasser über Nacht gefroren ist. Sie hat am Boden ein Blumenmuster.

Der Singvogel wird krank – und kein Geld für Arzt oder Medizin! Katalin muß einen Ausweg finden. Als Hausschneiderin ist mehr zu verdienen als im Lohnverhältnis. Bitterschwere Gänge auf Arbeitssuche. Sie ist noch längst keine erfahrene Schneiderin, wenn sie auch die Augen offengehalten und jede Nacht die Schnitte in Zeitungspapier nachzuschneiden versucht hat, wie sie es vom Gesellen in der Werkstatt abguckte. Und wieder kommt die Entspannung der Lage, wieder durch die Witwe eines evangelischen Pfarrers und Schriftstellers, wie seinerzeit durch Frau Tompa. Frau Györi sucht sofort Näharbeit zusammen und verspricht, auch ihre Bekannten dazu zu veranlassen. Die Tochter des alten Schuhmacherehepaares, für das Katalin Männerhemden näht, vermittelt ihr die Bekanntschaft einer gütigen Dame der Gesellschaft, die die noch Unkundige im richtigen Zuschneiden unterweist. Kundschaft für Monate in den Häusern der Aristokratie von Budapest! Wo Katalin hinkommt, hocken die Kinder bei ihrer Nähmaschine, und sie erzählt ihnen bei der Handnäherei vom „Ahnenheim" im fernen Dorf und weiß viele Volksmärchen der Heimat. Als auch die kleine Szerena nach der Hauptstadt kommen darf, ist es ein Esser mehr, aber ein ebenfalls überglücklicher! Die große Schwester kann sich noch immer keine Pause an der Nähmaschine gönnen – bis tief in die Nacht. Kariko steht vor dem Rigorosum. Die Prüfungsgebühr ist von der Summe für Katalins verpfändete Aussteuer bezahlt. Abwechselnd bringt sie sie ins Leihhaus und löst sie zurück. Sie erlebt mit dem jüngeren Bruder, was einmal ihre Freude in Gemeinschaft mit Miksa war, nur, daß sie jetzt nicht nach Anatomie, sondern nach Bürgerrecht und Kirchenrecht abzufragen hat. Die Nähmaschine surrt dabei.

In der Proszeniumsloge – bescheiden im zweiten Rang – des Volkstheaters sitzen Vater Gerö und seine Budapester Kinder. Katalin neben Kariko, fester und fester umschließen sich ihre Hände, als der Beifallssturm losbricht und der Ruf erschallt: „Gerö, Autor Gerö – Autor" – immer dringender. Uraufführung des Erstlingswerkes eines jungen Schriftstellers im anspruchsvolleren Volkstheater: „Borcsa Turi, Volksstück in drei Akten von Károly Gerö." Zurückhaltend hatte er es zuerst der zweitrangigen „Sommer-Arena" angeboten.
„Hier, lieber Vater, beginnen Sie etwas damit. Mit Gottes Hilfe wird noch mehr kommen. Stellen Sie sich nur wieder auf die Füße!" Kariko reicht Vater die ersten Tantiemen ohne Abzug und küßt die ihn segnenden alten Hände. Nicht Kariko hat seiner Begabung zu trauen vermocht – in feinfühliger Erkenntnis seiner wahren Fähigkeiten hat Katalin ihn immer wieder ermuntert, nicht immer nur die Dichtungen eines anderen bühnenfertig zu machen, sondern selber ein Stück zu schreiben. Sie gibt ihm das Thema aus der Umwelt

der alten Heimat. Seine Feder kritzelt, die Nähmaschine summt. Jede Szene, jede Phase jeder Szene erlebt die Schwester mit. Und so ist es geblieben, Stück um Stück entsteht, und der Bruder wird der berühmte Autor der Volksbühne. Er braucht eine Katalin, braucht ihre Gegenwart, die ihm immer wieder zum Ansporn wird.

Das geistige Erbe des Ahnenheims lebt in der schönen geräumigen Wohnung in der Josefgasse auf. Gäste kehren ein, Künstler und Künstlerinnen, Musiker, Literaten. Der Ton, auf den die Musik in diesem kleinen Nest gestimmt ist, ist Warmherzigkeit und Heiterkeit. Doch nicht nur glückliche Menschen dürfen kommen. Auch das ist ein Stück Erbe, daß so mancher Niedergedrückte, vom Leben Geschlagene hier mit dem feinen Herzenstakt derer, die selber einmal zu den Enttäuschten gehört hatten, aufgenommen und auf den Weg eines zufriedenen Daseins geführt wird. So hatte es Mutter einst gehalten.

Eine kaum übersehbare Menge von Freunden und Bekannten aus jener Zeit steht neben Vater, seiner neuen Familie und den Geschwistern, als der alte Seelsorger der Familie mit bewegten Worten das Leben der Frau Sophie noch einmal vorüberziehen läßt – dort auf dem Kirchhof von Gyöngyös, wo die Kinder ihr nun einen Grabstein setzen lassen, ihr, der Mutter, die Katuska das Arbeiten gelehrt und das Lieben vorgelebt hat.

Neue Sorgen, neue Entscheidungen. Joska, das „Brüderchen", der damals am härtesten betroffen war von der Katastrophe, erleidet noch einmal die bitteren Folgen: Drei Jahre Militärzeit, in der ihm ungerechte Behandlung und Schikanen zuteil werden. Diesem ihm unerträglichen Leben versucht er ein freiwilliges Ende zu machen. Die Geschwister holen ihn zu sich.

Der Bruder – nun in zufriedenstellender Position bei der

Post – erkrankt unversehens durch eine Zahninfektion, die langsam, unmerklich den ganzen Körper durchzieht und unweigerlich zum Tode führen muß. Wieder ist es die Arbeit, die Verantwortung, die Katalin vor der Versuchung bewahrt, sich aufzugeben in diesem neuen Schmerz. Sie schickt die anderen Geschwister zu Verwandten, als die Gefahr der Ansteckung besteht. Sie bleibt dem ahnungslosen Todgeweihten heitere Gefährtin. Ihre Füße treten die Nähmaschine, ihre Hände führen den Stoff unter dem Nähfuß hindurch. Die Medikamente sind teuer, die Mädchen in der Ferne müssen auch mit Geld versorgt werden. Joska sitzt bei ihr und fertigt kunstvolle Schnitzereien, die zum Lebensunterhalt beitragen. Als das „Brüderchen" heimgegangen ist, läßt Kariko das begonnene Lustspiel unvollendet und schreibt ein Trauerstück.

Neid und gekränkte Eitelkeit vermögen Wunden zu schlagen, Existenzen zu vernichten. Sie sind die scharfen Waffen, mit denen die Primadonna des Volkstheaters Kariko trifft. Seine Stücke verschwinden von der Bühne, die Tantiemen fallen fort. Die Nähmaschine kann nicht stille stehn. Noch manchen Wechselfall von Freude und Kummer wird Katalin mit diesem Bruder erleben, vom Literaturpreis zum Verlust der Sekretärstelle am Nationaltheater, dann wieder zu neuen großen Erfolgen auf der Bühne, bis er, ohne seine literarische Tätigkeit ganz aufzugeben, die Stelle des Generalsekretärs der neuen elektrischen Eisenbahn aufnimmt. Wechselspiel von Leid und Freude auch im Leben der anderen Geschwister. Katalin erlebt sie als die Mutter „ihrer Kinder".

Paula legt die Lehrerinnenprüfung ab. Später steht Katalin als Brautmutter neben der Schwester am Traualtar, als Paula sich einem Mann von Charakter und Herzensgüte verbindet. Szerena ist nicht ganz glücklich, sie wäre gern Schauspielerin geworden und ist dem Bruder gram, der es verhindert, weil er zuviel hinter den Kulissen gesehen hat. Ihre Verlobung mit ihrem Schwager bringt ihr auch kein dauerndes Glück, sie löst sich wieder.

Mit mütterlicher Wärme nimmt Katalin die liebenswerte Lebensgefährtin auf, die Kariko gefunden hat. Was Kariko ist, ist er durch Katalin, doch sie läßt ihn ohne eine Spur von Eifersucht nun sein eigenes Heim gründen.

Einmal weilt sie bei ihren Freunden Benedek in Budapest. Elek Benedek, der Schriftsteller, dringt – erneut schon – in sie um die Erlaubnis, den Roman ihrer Jugend schreiben zu dürfen. Jetzt willigt sie ein. Sie erzählt, er erlebt nach und schreibt dann den Roman „Katalin".

„Jede der Tragödien, von denen mein Leben voll ist, war ja eine Stufe zu dieser Glückseligkeit, die mich jetzt erfüllt." Leid und Freude haben dieser Frau wahrlich das Herz immer weiter geöffnet, ihren Liebeswillen tiefer geprägt. Hat sie ihr Werk vollendet, das Versprechen der Mutter gegenüber gehalten? Sie weiß es jetzt, sie hat „Erfüllung ihrer Sehnsucht und ihrer Gebete gefunden". Endlich entschließt sich Katalin, dem Drängen Paulas und ihres Gatten Sandor nachzugeben und zu ihnen zu ziehen. Es wäre Zeit, solche Fürsorglichkeit anzunehmen, in aller Stille das Leben der Arbeit für andere zu beschließen und teilzuhaben an einer Nestwärme, in die sie selber so oft Nahestehende und Fremde eingehüllt hat. Und doch empfindet und schmeckt dieser tapfere Mensch, der bisher sein Leben in festen Händen halten mußte und diese Hände niemals ruhen lassen durfte, den bitteren Kern des Beiseitegestelltseins in der süßen Frucht des Geborgenseins und handelt weiter, anstatt auszuruhen von der Mühsal der Jahre und Sorgen. So ist es geschehen, daß Katuska Gerö – Katalin – zur Mama Katalin der Waisen wurde.

Katalin hat nicht nur in der Rückschau diesen Wanderweg durch ihre Lebensjahre gemacht, sie hat auch in Wirklichkeit viele der Stätten aufgesucht, an denen sich ihr Lebensgeschick vollzogen hatte, sie ist den Menschen noch einmal begegnet, die mit ihren Erinnerungen verknüpft sind, manchem davon freilich nur an seiner letzten Ruhestatt. Sie ist von dieser Reise zurückgekehrt, und nun ist es soweit: Das Waisenhaus ist verkauft; das kleinere Sanatorium muß eingerichtet werden unter genau den Schwierigkeiten wie ehedem, als sie aus der Demjanichgasse auswandern mußten. Die alte Direktorin leitet auch diesmal noch den Umzug mit erstaunlicher Umsicht.

„Wenn Sie müde werden, liebste Mama Katalin, wenn Sie sich nach Ruhe sehnen und nicht mehr arbeiten wollen, betrachten Sie auch dann noch das Waisenhaus als Ihr Heim. Bleiben Sie auch dann die Unsrige."

Äußerer Lohn für ein Leben der Arbeit in Dezennien. Man trägt ihr nicht nur an, sich eine Vertreterin heranzubilden. Der Vorstand des Frauenvereins sichert auch ihren Lebensabend nach der finanziellen Seite und zugleich nach den Herzenswünschen eines im Dienst alt gewordenen Menschen. Mama Katalin kann im Waisenhaus bleiben. Man rechnet mit ihrer beratenden Stimme auch nach ihrer Pensionierung, rechnet mit ihrer persönlichen Anteilnahme. „Ihre Kinder" jubeln über diese Entscheidung. Ihre Mama Katalin bleibt bei ihnen! Inwärtiger Lohn für ein Leben der Liebe.

Katalin Gerö ist fünfundsiebzig Jahre alt. Vor ihr liegt in einer würdigen Ausstattung das Buch: „Erfülltes Leben" – die Geschichte ihres eigenen Lebens bis zu diesem Tag. In den Jahren der Stille ohne die äußeren Bedrängnisse hat sie – dem Drängen des Schriftstellers Melchior Lengyel, des erfolgreichen ungarischen Dramatikers, nach langem Sträuben nachgebend – ihre Lebenserinnerungen aufgeschrieben. Melchior steht ihr sehr nahe, denn es ist der Ehegefährte von Karikos Tochter Lidy.

Diese Veröffentlichung wird für ungezählte Leser ein Lebensbuch. Die äußeren Ehrungen dafür erfüllen die Verfasserin nicht so sehr wie die Dankbarkeit, daß sie dieses umfangreiche Werk schreiben konnte, während ihr Leben inmitten der Menschen, denen sie gedient hat, weiterging in Frieden und Stille.

Geist und Herz wollen nicht rasten in dem müder gewordenen Körper. Die Greisin verfaßt ein zweites Buch, mit dem sie ursprünglich nichts anderes vorhatte, als die Geschichte des Waisenhauses unter dem bezeichnenden Titel „Arbeiter der Liebe" festzuhalten. Es ist daraus ein kulturgeschichtliches Werk über die kulturelle Entwicklung in der ungarischen Hauptstadt geworden. Die über Achtzigjährige trägt das Material, das ihre eigenen Erlebnisse ergänzen soll, dazu in Archiven und Bibliotheken zusammen.

Von Liebe und Fürsorge umgeben lebt Mama Katalin auch dann noch im Waisenhaus, als im Hitlerkrieg die Bomben ihr Zerstörungswerk in Budapest verrichten. Und noch arbeitet sie schriftstellerisch, und zwar an der Ergänzung ihrer Lebensbeschreibung vom Jahre 1928, also von ihrem fünfundsiebzigsten Lebensjahr ab. Das Manuskript fällt dem wahnwitzigen Vernichtungsteufel der Nazis zum Opfer.

1944. Die Gefolgsmänner der Nationalsozialisten scheuen sich nicht, in ein Waisenhaus einzudringen und es zu beschlagnahmen. In vierundzwanzig Stunden müssen alle Kinder und Angestellten das Haus verlassen. Wohin sollen die total Verwaisten unter ihnen? Das kümmert die Gewalt nicht. Die einundneunzigjährige Mama Katalin verläßt das Haus mit ihnen; die Kleidung, die sie auf dem Leib trägt, ist das einzige, das ihr bleibt. Ihre teuren Erinnerungsstücke aus einem neunzigjährigen Leben – Bücher, Bilder, Möbel – muß sie zurücklassen.

Pfingstsonnabend, Vortag jenes Tages, an dem einmal eine Katuska Gerö geboren wurde. Das Kalenderdatum hatte in keinem späteren Jahr etwas zu sagen gehabt, der erste Pfingstfeiertag war stets *ihr* Tag gewesen. So auch in diesem Jahr 1944. Geliebt und verehrt, hat Katalin noch die wenigen Monate bisher bei Paula und Sandor verlebt, ist mit ihnen noch einmal vor der Gewalttat der Machthaber zu Paulas Tochter Sophie geflohen, wo ihr Leben sich beschließen soll.

Als der Pfingstmorgen anbricht, ist Katalin Gerö – Katuska, die Mutter der Geschwister, Mama Katalin, die Mutter der Waisen – heimgerufen aus einem Dasein voll Mühsal, Sorge und Unruhe. Sie hat die Heimat gefunden, aus der sie keine Menschenmacht und kein Geschick vertreiben können. Katalin Gerö, ein Mensch, der sich immer wieder bereit fand, nach schwerem Erleben das Gute zu sehen, anzuerkennen und Gott dafür zu danken: „Jede der Tragödien, von denen mein Leben so voll ist, war ja eine Stufe zu dieser Glückseligkeit, die mich jetzt erfüllt."

Selma Lagerlöf

„Es war einmal eine Saga, die wollte erzählt und in die Welt hinausgetragen werden. Dies war ganz natürlich, weil sie wußte, daß sie schon so gut wie fertig war. Viele hatten mitgeholfen, sie durch merkwürdige Taten zu schaffen, andere hatten ihr Teil dazu beigetragen, daß sie diese Taten immer wieder und wieder erzählten. Ihr fehlte nur, daß einer sie notdürftig zusammenfügte, damit sie gemächlich durchs Land ziehen könne.

Endlich kam die Saga an ein altes Haus, das Mårbacka hieß. ... Früher einmal war es ein Pfarrhof gewesen, und es war, als hätte ihm das ein Gepräge aufgedrückt, das es nicht verlieren könnte. Man schien dort größere Liebe zu Büchern und Studien zu haben als anderswo, und immer lag ein stiller Friede über diesem Hause. Da durfte niemals ein Jagen bei der Arbeit oder ein Zank mit dem Gesinde vorkommen. Haß oder Zwietracht durfte es da auch nicht geben; und wer sich dort aufhielt, durfte das Leben nicht schwer nehmen: die allererste Pflicht war, sorglos zu sein und zu glauben, daß der liebe Herrgott für jeden, der in diesem Hause lebte, alles zum Besten lenke."

Dieses Haus Mårbacka, ein nur mittelgroßes Gehöft mit langgestrecktem eingeschossigem Wohnhaus, mit niedrigen Wirtschaftsgebäuden und Ställen, mit einem Badhaus, war der Geburtsort Selma Lagerlöfs. So „unansehnlich" auch die Gebäude sein mochten, so verliehen doch die mächtigen Ebereschenbäume um den Rasenplatz vorm Wohnhaus dem Ganzen etwas Erhabenes und Gediegenes und vermittelten den Eindruck alter Tradition. „Es war ein kleiner Herrenhof, der ganz einsam und weltabgeschieden dalag und auf dem sich noch viele altertümliche Sitten und Bräuche erhalten hatten."

Ja, so war es, Mårbacka war Heimat nicht nur für seine Menschen, sondern auch Heimat der värmländischen „Saga" und des Brauchtums.

Das war die Umwelt, in der die Dichterin Selma Lagerlöf heranwuchs. In diesem Haus herrschte die Atmosphäre, in der sie der Mensch wurde, dem über allem Erfahren, Erleben und über den Geschicken im eigenen und in fremden Leben der Glaube an Liebe und Barmherzigkeit nicht verlorenging. Sie wurde der Mensch, der auch selber ein durchaus praktisches Christentum verwirklichte. Die Eindrücke einer heilen Welt in der Kindheit prägen Selma Lagerlöfs Wesen. Durch eine geborgene Jugendzeit wurde die angeborene mütterliche Zuneigung zu allem Lebenden, zu Mensch und Kreatur, die später zum Ausdruck kam, vertieft.

Ein Charakter bildet sich nicht nur „im Strom der Welt" – wie Goethe im „Tasso" sagt –, Charaktere bilden sich auch in und an der engeren Umwelt, die ihre Entwicklung frühe beeindruckt, solange das Gemüt noch zart und empfänglich ist.

In Mårbacka war man reich genug an Freuden und Lebensgenuß, so daß Wünsche nach sonderlichen Vergnüglichkeiten und Ansprüche an die Welt da draußen außerhalb seiner Mauern keinen Eingang fanden. Hier wurde musiziert mit Klavier und Geigen, Gitarre und Flöten, wenn etwa die Freunde aus nah und fern kamen, den Geburtstag des Hausherrn zu feiern. Man hielt Reden in Prosa und Versform, in denen Herzenswärme, Charme und Humor im Bunde mit der Fröhlichkeit der Tafelrunde waren. Die Kinder wuchsen heran in heiterer, ungebundener Freiheit, getragen von Liebe, die erzieht, ohne viel anderer Erziehungsmittel zu bedürfen. Von früh an waren sie auch selbstverständlich hineingenommen in die gute Ordnung des Hauswesens mit Arbeit und Feierabend.

In dem geräumigen und traulichen Kinderzimmer, einer hellen Dachstube, tummelten sich drei Kinder: Johann, Anna und die spätere Dichterin Selma Ottiliana Lovisa, die am

20. November 1858 geboren war. Der älteste Bruder, Daniel, besuchte bereits die Stadtschule. In dieses freundliche Zimmer konnte man allerdings nur über eine steile Bodentreppe und einen dunklen und deshalb unheimlichen Bodenraum gelangen. Das bedeutete, besonders dann allen Mut zusammenzunehmen, wenn Vater abends seine abenteuerlichen Geschichten erzählt hatte. Dann träumten die drei nachts von den Sagenhelden Värmlands, von den Nixen und Trollen, von Herrn Arnes Schatz und von den geheimnisvollen Gestalten, die der Aberglauben erdacht hatte. Vater ließ sie alle so lebenswahr aufmarschieren! Noch im Einschlafen erschauerten die Kinder wohlig und selber abenteuerlustig in ihren Schlafkommoden, die der alte Schreinermeister in Askersby am Kopfende mit gedrehten Stäben verziert hatte. Tagsüber machten sich diese Betten unauffällig, weil man sie ineinanderschieben konnte. Dafür barsten sie um so sicherer nachts unversehens auseinander. Die gruseligen Träume zerrissen, wenn plötzlich die Bettlade krachte und die Beine der Kinder in der Luft hingen.

Nicht nur Haus und Hof vermittelten reiche Erinnerungen, die Selma Lagerlöf durch ihr Leben begleiteten – es war auch die Schönheit der Heimatlandschaft – des Värmlandes in Mittelschweden – nördlich des Vänersees gelegen. Sie wurde nicht müde, dieses wald- und seenreiche, gesegnete Stück Erde in allen Farben mit Worten zu malen. Zwischen dunklen, fichtenbewaldeten Bergen schneiden tiefe Täler ein, am Fuße der Berge von Laubwald umsäumt. In einem von ihnen, dem Frykenseetal, liegt Mårbacka. Blühende Wiesen, ertragreiche Felder lohnen die Mühen der Bauern und sichern ihren Lebensunterhalt. Die Seen sind fischreich. Dunkle und helle Tage, Sonnenschein und Herbstnebel zeichnen sich besonders scharf ab und geben dem Land ein freundliches Aussehen oder lassen es öde und rauh erscheinen; rein und wie unberührt liegt monatelang die winterliche Schneedecke darüber. Große Städte findet man in diesen Tälern nicht; die Gehöfte stehen zumeist einzeln. Da gibt es reiche Herrenhöfe mit Altanen und mit durch Schnitzwerk reich verzierten Dachstühlen, und es gibt einfache Bauernhäuser. Mårbacka war ein ehemaliger Pfarrhof mit der Tradition eines Jahrhunderts, bis Selma Lagerlöfs Großvater ihn im 19. Jahrhundert zu einem Herrenhof machte, denn er war kein Pfarrer, sondern der Regimentsschreiber Daniel Lagerlöf. Dieses Herrenhaus war keines von den großartigen, als sein Sohn, der Leutnant Erik Gustav Lagerlöf, den Hof übernahm.

Ja, wenn es ihm gelungen wäre, einen ansehnlichen Dachstuhl aufsetzen zu lassen! Aber das war leider zunächst nur ein Wunschtraum! Doch wenn der Leutnant mit seinen Kindern spazierenging, war es für sie eine nie ermüdende Geschichte, sich auszudenken, daß eines Tages der schwedische König durchs Land reisen würde. Nach seiner Gewohnheit würde er dann in einem der einsamen Höfe absteigen und zur Nacht einzukehren begehren. – Die Kinder halten den Atem an – denn dieser Hof würde Mårbacka sein! Wie aber sollten die Stuben und Kammern für den Landesvater und seine Begleiter ausreichen? Oh, dann würde ja aber der neue Dachstuhl fertiggestellt sein! Welche Aussicht, den hohen Gast im schönsten eigengewobenen wollenen Kleid mit einem Blumenstrauß zu empfangen! Rosen gab es genug in Mårbacka und Jasmin in dem prächtigen Garten am Haus, den der Vater mit fast verschwenderischem Aufwand angelegt hatte und den seine Schwester, Tante Lovisa, mit aller Sorgfalt pflegte. – Der Dachstuhl *blieb* ein Wunschtraum. Das alte Haus war aber auch ohne ihn die eine große Liebe der Dichterin. Die zweite gehörte den treuherzigen und gottesfürchtigen, zugleich aber auch abergläubischen Menschen des Värmlandes in vielerlei Gestalt.

Selmas Mutter, Elisabeth Lovisa, aus dem begüterten Hause Wallroth, hielt mit nüchtern-praktischem Sinn den Haushalt in fester Hand. Ihr ernsthaftes Wesen bildete ein gutes Ge-

gengewicht zu der leichtherzigen und unbekümmerten Art ihres Mannes. Ihrer Gedankenwelt blieb allzu abenteuerliches und sich ins Übersinnliche verlierendes Wesen fremd. Sie tat still und tatkräftig ihre Arbeit in Haus und Hof und umgab alle darin mit ihrer oftmals hinter zurückhaltender Art verborgenen Liebe. Ihre Meinungen von den realen Notwendigkeiten der Lebensführung gingen manchmal mit denen des Hausherrn auseinander – zu Konflikten ließ sie es aber nicht kommen. Wo sie eine verwundbare Stelle bei ihm wußte, deckte sie diese lieber wider bessere Einsicht mit Zugeständnissen zu, als sich zu behaupten. Selma hat nicht sehr oft von ihrer Mutter gesprochen, aber einmal stellt sie ihr ein schönes Zeugnis aus, das den Urgrund ihres Wesens aufdeckt: „In dem Herzen ihres Mannes, den sie liebte, zu lesen, das war für Frau Lagerlöf ebenso leicht wie das Lesen in einem Buche; aber ihre eigenen Gedanken in solch erregten Augenblicken auszusprechen, war ihr ebenso unmöglich wie hebräisch reden."

Das geistige und seelische Erbgut Selmas stammt wohl mehr vom Vater her. Dieser geliebte Vater war ihr ihr Leben lang geistig nahe, obwohl er schon mit sechsundsechzig Jahren starb, Selma war derzeit erst siebenundzwanzig Jahre alt. Der Vater hatte nach seinem Abgang aus dem aktiven Militärdienst noch das Amt eines Steuereinnehmers inne und reiste daher oft wochenlang im Lande umher. Den Gutshof verwaltete er ohne besonderen landwirtschaftlichen Ehrgeiz und ohne ein straffes Regiment zu führen. Mit seiner weichen Gemütsart paßte er wohl auch nicht dazu. Er mochte keinen Busch oder Baum umhauen lassen und sah getrost die Taubenschläge sich übervölkern, die schönen Tauben durften jedenfalls nicht geschlachtet werden.

Auf seinen Reisen saß er gern in den niedrigen Küchenstuben unter den värmländischen Bauern. Es war für ihn doch das herrlichste Geschlecht auf Erden! Er hatte ein offenes Ohr für Sagen und Legenden, die abends rund um den Spinnrokken der Frauen erzählt wurden, sammelte diesen reichen Schatz und schrieb alles auf. Daß einmal eine seiner Töchter den Deckel der Truhe voller Geheimnisse, Abenteuer und Wahrheiten öffnen und dieses Volksgut in die weite Welt schicken würde – das ahnte er freilich nicht.

Der Leutnant Lagerlöf war selber ein echter Värmländer und auch ein „Kavalier" mit aller Lebensfreudigkeit, die diesem Völkchen eignet. Weil ihm manchmal der Blick für die Realitäten des Daseins, in dem er lebte, fehlte, gelangen ihm nicht viele seiner hochgespannten Pläne, sondern zerschlugen sich einfach an den Begrenzungen, die ihm die wirtschaftlichen Verhältnisse, vor allem nach dem Tod des Schwiegervaters, auferlegten. Seine Großzügigkeit und Freigebigkeit waren größer als seine Fähigkeit, ein Projekt zu überschauen. Alle seine Vorhaben galten der Verschönerung von Mårbacka. Daß dies dann seiner Tochter Selma gelingen würde, konnte er nicht wissen und sich deshalb auch nicht damit trösten.

Es gab niemand im Hause, von der Familie bis zum Stallknecht, und niemand in der Freundschaft, der ihn nicht liebte. Sie alle aber übertraf die ihm wesensverwandte Tochter Selma an schwärmerischer Verehrung für diesen Vater. Und er wiederum liebte seine Kinder überaus. Er war eigentlich immer für sie da mit freundlicher Geduld. Er war nicht nur ein lebendiger, zuweilen auch humorvoller Erzähler, sondern manchmal setzte er sich auch ans Klavier und sang mit den Kindern Spielmannslieder von Dichtern und solche aus Volksmund, Vagabundenreime, deren Sinn die Kinder zwar nicht verstanden, die sie aber desto lauter nachsangen – es klang zuweilen falsch und unmelodisch. Das machte Vater nichts aus. Ein Freund des Hauses meinte einmal: „Er hört es gar nicht, wie es in unseren Ohren klingt, denn er liebt seine Kinder über alles in der Welt." Des Leutnants Schwester Lovisa, die mit im Hause lebte, brachte diesen Ausspruch auf den Nenner, der zum Wesen ihres Bruders paßte: „Ja, es gibt ein Sprichwort, das heißt ‚mit den Augen der Liebe sehen', und so kann man vielleicht auch mit den Ohren der Liebe hören!"

Schließlich gebot Mutter Einhalt, es war Zeit für die Kleinen, in die Bettkommoden zu steigen. Auch sie erzählte hin und wieder noch eine Geschichte, und das war meist ein Märchen von Hans Christian Andersen.

Die Unbefangenheit und das auch nach außen strahlende Wesen ihres Vaters, der überall, wo er in fröhlichem Kreise auftauchte, unwiderstehlich wirkte, hat Selma nicht in diesem Maße geerbt. Sie blieb zeitlebens eine stille Natur und hatte in ihr fremder Gesellschaft sogar mit Befangenheit zu kämpfen. In vertrauter Mitte besaß sie jedoch die gleiche herzgewinnende, dünkelsfreie Art wie er. Ein Wort der Dichterin gilt wohl im besonderen diesem Vater, das Wort von der „nie versiegenden Zärtlichkeit, die ihre Kindheit so glücklich gemacht hat".

„Dies sollst du dir merken, denn es ist so wahr, wie daß ich dich sehe und du mich siehst. Nicht auf Lichter und Lampen kommt es an, und es liegt nicht an Mond und Sternen, sondern was not tut ist, daß wir Augen haben, die Gottes Herrlichkeit sehen können": das ist die Großmutter Lagerlöf. Sie glaubte alles selber, was sie den Kindern Tag für Tag aus ihrem unausschöpfbaren Geschichtenborn erzählte. Es kam aus einem weisen und reichen Herzen, das über die einfachen Dinge hinaus und in die letzten Wahrheiten, die oftmals dahinterstehen, schaute. Manchmal sang auch sie mit den Enkeln „schöne Lieder", aber das tat sie nicht immer. Ohne Vaters herzensgütige, lebenserfahrene Mutter im Hause – auf dem Ecksofa in ihrem Wohnzimmer – war das Leben gar nicht zu denken. Sie strickte an einem Strumpf und erzählte „vom Morgen bis zum Abend. Es gab keine Kinder, denen es so gut ging wie uns" – berichtete die Dichterin später.

Aber dann kam der Tag, an dem „Märchen und Lieder vom Hause wegfuhren, in einen langen, schwarzen Sarg gepackt, und niemals wiederkamen". Es war ein großer Schmerz für die Kleinen, den sie lange nicht überwanden.

Das kostbarste Vermächtnis dieser Altmutter war das Vertrauen in Gottes Vaterwillen, der alles Fragen und Zweifeln im Menschenherzen zum Heil lenkt. Sie vermittelte auf ihre einfache, lebensnahe Weise den Kindern das evangelische Glaubensgut und mahnte sie, es in die Tat umzusetzen.

Eine andere Gestalt noch aus frühesten Kindertagen hat einen Platz erhalten in Selmas Erinnerungen. Dieses Wesen erzählte aber keine Geschichten und sang keine Lieder. Es hatte vielmehr einen für Kinderbegriffe fest verschlossenen Mund: das Kindermädchen Back-Kajsa. Oh, es ging den Kleinen nichts ab an Pflege und Obhut, Frau Lagerlöf konnte sich unbedingt auf Back-Kajsa verlassen – nur daß man in ihrem Gebaren selten einmal den süßen Kern ahnte, der unter der rauhen Schale ihres Wesens steckte. Daß aber Selma zuletzt ein so inniges Verhältnis zu diesem herben Mädchen bekam, das ging so zu: An einem schönen, noch taufrischen Sommertag hatten die Kinder in der Frühe mit dem Vater im Åsquell gebadet. Dann hatten sie ihre Müdigkeit bis zum Mittagessen ausgeschlafen. Als Selma aufwachte, war sie nur noch allein in der Kinderstube, die Betten der größeren Geschwister waren schon leer. Ein Angstgefühl ergriff die Dreieinhalbjährige, als sie flugs auch aus dem Bett klettern wollte, die Beine ihr jedoch den Dienst versagten. Da stand Back-Kajsa in der Tür, und die Kleine streckte der sonst so Unzugänglichen die Ärmchen nicht vergeblich entgegen. Das Mädchen nahm sie auf ihre starken Arme, als sei sie „nur ein kleines Kätzchen": „Deshalb mußt du nicht weinen, Selma, ich werde dich tragen" – sie hat Wort gehalten. Auf einmal war ein Tor aufgetan, das das Kind trotz der Lähmung, die es von dem Tag an befallen hatte, in ein wahres Paradies von Verwöhnung einließ. Der Vorzug nämlich, den sie nun erfuhr, und wie sie in den Mittelpunkt des Interesses aller Erwachsenen gestellt war: das fand Selma weit genußreicher als mit den anderen Kindern umherzutollen! Am allermeisten verhätschelte Back-Kajsa die kleine Gelähmte und wurde ihr „ein prächtiger starker Freund". Bald aber war die schöne Zeit der allseitigen Bevorzugung vorbei – als nämlich nach etwa einem halben Jahr ein Schwesterchen Gerda geboren wurde und das gesamte Interesse sich auf das Wickelkind richtete. Selma mußte nun genauso wie Johann und Anna die gedämpften Mohrrüben und den Spinat essen und konnte sich keine Extra-Leckerbissen mehr ertrotzen.

Immerhin, nur ihretwegen entschlossen sich die Eltern, einen ganzen Sommer an der Westküste Schwedens zu verbringen. Vielleicht, daß die kräftige Seeluft und das stärkende Meerwasser zur Heilung beitragen würden! Und tatsächlich – als der Sommer vorüber war, war wie durch ein Wunder die Lähmung behoben, das Kind konnte laufen, wenn auch eine Hüftschwäche zurückblieb. Die Reise war nicht umsonst getan. Selma aber glaubte an das Wunder, bewahrte ein Geheimnis ganz für sich und gab es erst in ihren Erinnerungen preis: nicht die Naturkräfte hatten die Besserung bewirkt – es war der wunderbare Paradiesvogel auf dem Ozeandampfer „Jakob" gewesen. Frau Kapitän Bergström hatte das Kind schon lange zuvor ganz neugierig gemacht auf dieses seltene Tier auf dem Schiff ihres Mannes. Und – als es die Familie dann besichtigte, lief Selma hinter dem Schiffsjungen her, der ihr den Vogel zeigen wollte – sie lief, ohne es selber zu merken. Sie war entzückt von dem Wundervogel, wenn es auch nur ein ausgestopfter war.

Daß sie dennoch – nach Hause zurückgekehrt – nicht gleich herumtollen konnte, machte ihr gar nichts aus. Konnte sie doch neben Mutters Nähtisch sitzen und ihr vorlesen! Schon mit fünf Jahren verstand sie das: Da schaute ein kleines Mädchen hinein in die tatenerfüllte Welt der griechischen Heldensagen, die Vaters Bücherschrank enthielt; da enthüllte die schwedische Saga noch viele Geheimnisse, von denen es bisher nichts wußte. Das schönste Buch aber war doch das Indianerbuch „Oceola". Wie es ins Haus gekommen war, wußte keiner. Es war für ein Kind wie Selma das Herrlichste, was je geschrieben wurde! In die stille und friedliche Welt von Mârbacka drängten plötzlich Gefahr und Heldenmut, Liebe und Schurkerei, Edelmut und Hinterlist, Glück und Leid hinein. Da tauchte in Selma zum ersten Mal der Wunsch auf, auch so etwas schreiben zu können – in langen Romanen. Als freilich nach Jahren die große Erzählerin durch Zufall dieses Buch „Oceola" wiederfand – da war es ein grausam schlecht geschriebener Schmarren. Es sind oft seltsame Keime, die im verborgenen zu Blüte und Frucht treiben, die in ihrer Köstlichkeit nichts spüren lassen von ihrem Ursprung.

Gehorsam besuchte die neunjährige Selma dann in Stockholm ein gymnastisches Institut, Massagen kräftigten das kranke Bein. Das Herz aber wollte dem guten Willen, standhaft zu sein, nicht recht gehorchen, denn es hatte Heimweh in der großen Stadt nach dem stillen Heimathof. Helfen konnte nur des Onkels reichhaltige Bibliothek, in der Walter Scotts Romane den Höhepunkt für die Lesehungrige bildeten. Auch die Wunderwelt des Theaters tat sich vor ihr auf, als sie mit der alten Hausdienerin Ursula die Vorstellungen ab und zu besuchen durfte – sogar ohne Eintrittskarte, freilich auch ohne einen besonderen Sitzplatz. Lustspiele und Schauspiele zu sehen, das waren atemberaubende Erlebnisse, da machte es nichts aus, auf Ursulas Schoß sitzen zu müssen.

Wen möchte es wundern, daß Selma nach ihrer Rückkehr unter die Dramatiker ging? Die Regie über die Erstaufführung ihres ersten selbstverfaßten Theaterstückes „Meine Rose im Walde" führte sie selber und spielte nebenbei auch den siebzigjährigen Greis. Die Geschwister waren die übrigen Darsteller, Zuschauer waren Eltern, Tante, Haushälterin und Gesinde, die sich „alle unbeschreiblich gut unterhielten". Es war ein ganzer Triumph! Vielleicht gar der uneingeschränkteste dramatische Erfolg Selma Lagerlöfs. Sie war nicht zur Bühnenschriftstellerin geboren.

Ein Jahr Konfirmationsvorbereitung in Karlskoga bei Mutters Bruder, dem Propst Hammargren, wurde zugleich das Jahr der lebendigsten Begegnung mit dem Vätererbe Värmlands. Tante Ottiliana, des Propstes geist- und lebensvolle Frau, erzählte die alten Geschichten von den Värmlandkavalieren von Elkeby und ihren tollen Streichen mit der ganzen Mentalität ihrer eigenen Dichternatur. Die Berichte handelten von diesem großartig freimütigen Menschenschlag, der unangefochten von seiner Besitzlosigkeit dem Lebensgenuß huldigte, manchmal bis zur Verirrung in einen zuchtlosen Lebenswandel. Männer, die bei allem Hunger nach den Daseinsfreuden doch Edelleute der Gesinnung blieben, bereit, dem Bedrängten zu helfen und für ihn ihr Leben einzusetzen. Das alles hinterließ unauslöschliche Eindrücke in dem noch kindlichen Mädchen. Sie kehrten wieder nach Jahrzehnten, als Selma Lagerlöf den „Gösta Berling" zu schreiben begann.

> „Wie dunkel ist es doch unter der Linde,
> wie ängstlich still wehen die Winde."

Die Fünfzehnjährige wurde an einem Frühlingsabend unversehens zum glücklichsten Menschenkind, denn sie konnte dichten, ihre Gedanken in Reime fassen! So wenigstens schien es ihr selber zunächst.

„Stelle dir vor, ... daß du bettelarm gewesen und auf einmal reich bist ... Stelle dir, was du willst, an großem unerwartetem Glück vor, und du wirst dir kein größeres denken können, als das ich in diesem Augenblick empfand." Diese Seligkeit drückte sich in den nächsten Jahren auf jedem Stück Papier aus, das Selma unter die Finger kam. Es büßt auch nichts an überwältigendem Erleben ein dadurch, daß die große Schwedin wiederum auch keine Lyrikerin werden sollte, wie sie keine Dramatikerin geworden ist. Von den Zeugnissen erster schwärmerischer Begeisterung ist allerdings nicht viel mehr übriggeblieben als die zwei Zeilen, die sie zeitlebens erfreuten.

Die Dichterin ist in klarer Erkenntnis ihrer wahren Begabung zu dem ihr gemäßen Schaffensbereich, zur Erzählung, durchgedrungen.

Dazu gehörte wohl auch der Verzicht – bewußt oder unbewußt, freiwillig oder auferlegt – auf Ehe und Mutterschaft: „Allmählich halte ich es für ganz gut, daß der Student verlobt ist, wenn ich ihn geheiratet hätte, wäre mir sicherlich keine Zeit geblieben, Romane zu schreiben, und das ist doch das, was ich mir immer gewünscht habe" – eine Tagebucheintragung. Wer vermöchte im verborgenen des Herzens zu lesen, wie es dazu kam? Und doch waren Selma Lagerlöf die Gaben des mütterlichen Empfindens und Handelns beschieden, die ihre Erzählungen durchdringen und ihr eigenes Wesen und Leben erfüllten. Vergnügungen, die andere junge Menschen suchten, bedeuteten ihr nicht viel, ohne daß sie sich deshalb außenseiterisch abschloß. Sie bereicherte Familienfeste gern durch Gelegenheitsgedichte, die viel Zustimmung fanden.

Ein heimlicher Kummer aber blieb – niemand von draußen her suchte auf dem einsamen Hof eine Dichterin, niemand wollte sie „entdecken". Dann aber kam das unvergeßliche Hochzeitsfest auf Gårdsjö, zu dem Selma Lagerlöf geladen war und für das sie ein zwölfstrophiges „Kranzeljungferngedicht" verfaßte. Es fand nicht nur den selbstverständlichen Beifall der Gäste allgemein – das aufregende Ereignis des Tages war, daß eine Schriftstellerin, Eva Fryxell, Tochter des Historikers Propst Anders Fryxell, auf Selma aufmerksam wurde. Sie erbot sich, einige ihrer Manuskripte an Zeitschriftenredaktionen zu geben.

Hochgespannte Stunden hoffnungsvoller Erwartung wechselten mit Tagen des Kleinmuts, wochen-, monatelang. Nach einem halben Jahr kam der dicke Brief mit all den Arbeiten Selmas zurück – es hatte niemand Interesse daran. Vollkommene Mutlosigkeit der Enttäuschten? Nein, Selma Lagerlöf ließ sich nicht fallen. Sie erkannte, woran es ihr fehlte. Man

Selma Lagerlöf

brauchte die Welt da draußen auch, wenn man den Menschen draußen etwas geben wollte. Man brauchte ihr reales Wissen, und man bedurfte der Erfahrung mit ihrem Leben – die lebendige Fühlung mit ihnen.

Wieder ein Tag fast unerträglicher seelischer Spannung: hat sie die Prüfung bestanden? Wird sie das Glück haben, zu denen zu gehören, die das Lehrerinnenseminar in Stockholm drei Jahre kostenlos besuchen dürfen? Es lag ein Jahr außerordentlicher geistiger Anspannung hinter Selma Lagerlöf, das Vorbereitungsjahr auf das Seminar. Als Dreiundzwanzigjährige hatte sie in der Klasse mit den Achtzehnjährigen gesessen, die ihr zudem noch eine abgeschlossene Schulbildung voraus hatten, während sie einen zwar guten, aber individuellen Hauslehrer-Unterricht gehabt hatte. Sie meinte nicht, die Prüfung bestehen zu müssen, „weil sie genug wußte, sondern weil sie es nötiger brauchte als irgendeine andere". Sie war ganz auf sich selbst gestellt, der Vater konnte ihre Ausbildung nicht bezahlen. In eiserner Selbstzucht, nur aufs Lernen eingestellt, erlegte sie sich in den Seminarjahren strenge Abstinenz vom Dichten auf.

In der südschwedischen Stadt Landskrona, der Hafenstadt am Sund in der freundlichen, fruchtbaren Landschaft Schonen, fand sie an der Elementarschule für Mädchen ihre erste Stelle. Sie blieb da zehn Jahre lang geliebte Lehrerin mit hervorragendem pädagogischem Talent. Ihr lag nicht daran, den Kindern möglichst viel Wissensstoff einzutrichtern, sondern sie sollten erfahren und sehen lernen, was Gott in der Natur und im Leben an Gutem und Schönem schenken will, damit ihr Dasein einmal voll Freude sein würde. Ohne dichterischen Ehrgeiz stellte sie mit Gelegenheitsdichtungen zu Schulfesten ihr Talent zur Verfügung. Sonst aber ahnte niemand etwas davon, daß sich der Genius in ihr zu regen begann.

Als Selma Lagerlöf noch Seminaristin gewesen war, ging sie einmal mit ihrem Bücherpacken die Malmskillnadagasse hinauf und dachte dem nach, was sie gerade in der Vorlesung über schwedische Literatur gehört hatte. Da kam es über sie wie ein Lichtstrahl in all ihre Zweifel über die Lebensaufgabe, die ihr gestellt war: sie würde die Geschichten ihrer värmländischen Heimat aufschreiben. Der Augenblick war da, dieser inneren Stimme zu folgen. „Es dünkt mich, sie müsse das Haus umschwebt haben, so wie eine Wolke einen Berggipfel umschwebt, und einmal ums andere ließ sie eines der Abenteuer, aus denen sie bestand, darauf hinunter regnen": die alte Värmlandsaga. Sie hatte ihre ganze Kindheit mit ihrem poetischen Glanz und ihren Geheimnissen erfüllt und lockte sie jetzt unwiderstehlich. So wie die Tropfen aus der Wolke fallen, fielen nun auch der Erzählerin in den ersten Jahren ihres Lehrerinnendaseins Geschichten um Geschichten, Abenteuer um Abenteuer zu, wert zum Niederschreiben. Es entstand Kapitel um Kapitel, zunächst nach keinem festen Plan. Es wollte sich kein Ganzes fügen. Ohne ihr Zutun kam sie jedoch unversehens zum Ziel. Die schwedische Frauenzeitschrift „Idun" erließ im Jahre 1890 eine Aufforderung zur Einsendung von Novellen zum Zwecke eines literarischen Wettbewerbs. Selmas Schwester Gerda drängte, fünf der so gut wie fertigen Kapitel, die – wie auch öfter bei späteren Romanen Selma Lagerlöfs – je novellenartig abgeschlossenen Charakter trugen, einzusenden. Das letzte Kapitel wurde nach einem festlichen Abend noch in der Nacht vor dem Einsendetermin in fremdem Hause fertig niedergeschrieben.

„Jubelnde Glückwünsche", dieses Telegramm ehemaliger Seminaristinnen, brachte der Überraschten die Kunde, daß sie den Preis von 500 Kronen gewonnen habe. Der Verlag der Zeitschrift erbot sich zudem, den ganzen Roman im Druck herauszubringen. – „Du mußt jetzt für ein Jahr Urlaub nehmen und das Buch fertigschreiben", redete Baronin Esselde Adlersparre zu, die als Herausgeberin der Frauenzeitschrift „Dagny" bereits Sonette von Selma Lagerlöf veröffentlicht hatte, die bei den Lesern freilich keinen Widerhall hervorriefen. Esselde riet zur Prosa. Selma schickte ihr 1887 eine Novelle. Das Urteil der Herausgeberin der „Dagny" lautete: „Inhalt göttlich – Stil verabscheuungswürdig."

In harmonischer Umgebung, in Stille und in der Fürsorge, die sie auf dem Gut Sörmland erfuhr, konnte die Erzählerin jetzt ihr erstes Buch unbehelligt von jeglichem Anspruch ihrer Umgebung an ihre Zeit und Kraft fertigschreiben. Es war „ihre glücklichste Zeit, die sie noch erlebt hatte". So war im Laufe von fünf Jahren der Roman entstanden, den sie nach seinem Helden „Gösta Berling" nannte. Sie war dreiunddreißig Jahre alt.

Von da an gab sie ihrem Leben die Prägung, die es bestimmte, und die sie später an einer Stelle in ihren Erzählungen „Trolle und Menschen" zum Ausdruck brachte: „Einem großen Werke ganz zu leben, und es niemals aufzugeben, das ist das Geheimnis des ehrenhaften und glücklichen Lebens."

„Dir war es gegeben, wie im Märchen das Wort eines reinen gläubigen Kindes den Zauber lösen darf, mit dem Wort aus reinem fühlendem Frauenherzen die schöne Sagenwelt deiner Heimat aus tiefem Schlummer zu strahlendem Leben zu wekken", so löst die Schriftstellerin Gabriele Reuter das Geheimnis, wie Selma Lagerlöf die Genialität ihrer Erzählkunst mit ihrem starken Empfindungsvermögen verband und alter Überlieferung gegenwartsnahe Akzente aufprägte. Christliche Ethik und humanes Denken leuchten in ihren Erzählungen immer wieder wie oft verdunkelte, aber nie erlöschende Lichter auf. Sie nimmt alle Möglichkeiten wahr, um mit sicherer Überzeugungskraft den Beweis zu geben, daß bei allen Anfechtungen und Verirrungen der Menschen in Selbstsucht, Haß, Mißtrauen, Verleumdung zuletzt doch Barmherzigkeit, Versöhnlichkeit und Vertrauen Wandlungen herbeizuführen vermögen. So gelangen auch in „Gösta Berling" die heimatlosen wüsten Kavaliere mit ihrem Leichtsinn und ihrer Besessenheit von Lebensgenuß zur Erkenntnis der Pflicht zu sinnvollen Lebensaufgaben. Diese Selbstüberwindung traut die Dichterin ihren Gestalten in weitgehendem Maße zu, ohne die großen Versuchungen des Verirrens, Versagens und Herabsinkens zu verschweigen.

Das ist die Freiheit, die Gott dem Menschen gewährt, die Freiheit der Wahl zum Verharren im Irrtum oder zur Umkehr. Der Kern ihrer Dichtkunst macht die Epik Selma Lagerlöfs weit über ihr Heimatland hinaus zeitlos gültig. Und sie bestätigt ihre Aussagen durch ihr eigenes Verhalten. Das Vertrauen an das ursprünglich Gute im Menschen ist ihre innere Überzeugung, an der sie festhält mit einem kindlich reinen Glauben, so wie ihn die Bibel sie lehrt. Ihre evangelische Haltung beruht nicht allein auf der Tradition von Eltern und Voreltern, sondern auf Erfahrung und Erkenntnis. Die sittlich erzieherische Kraft ihrer Erzählungen erreicht sie auch bei oftmals erschreckend realistisch gesehener Menschlichkeit durch ihre mütterliche Einstellung, mit der sie den Sieg des Guten über das Böse glaubhaft macht. Sie steht dafür ein, daß der Mensch oft über alles Begreifen barmherzig sein und sich selbst entäußern kann um des anderen willen. Das geschieht nicht im Stil des Happy-End, sondern ergibt sich wie selbstverständlich aus den geschilderten Charakteren.

„Man muß ganz eins mit dem Menschen sein, den man beurteilen soll. Sonst kann man nicht zur Klarheit kommen", sagt Selma Lagerlöf. Sie hat viele Biographien geschrieben, solche von überlieferten Namensträgern und von namenlosen Gestalten, denen sie die Namen gab, oder von Menschentypen, die Geschlechter und Gesinnungen verkörpern. Ihre Lebensgeschichten in Romanen und Novellen sind Erfassen und Ergreifen vom inneren Wesen der Person. Daraus erst ergeben sich Handeln und Schicksal. Manche der Dargestellten sind auch ganz einfach Sinnbild für Volksbrauch.

Die Jahre in Landskrona waren Jahre des Gewinns, die der Dichterin das Tor in das weite Feld ihrer Begabung öffneten. Doch es waren auch Jahre herber Verluste, die sie bis ins Innerste bewegten. Ihr Vater wurde heimgerufen: ein Lösen und Aufgeben, wie es die Dichterin kaum schwerer hätte treffen können. In einem feinen literarischen Bild denkt sie später – an ihres Vaters hundertstem Geburtstag, als sie zu seinem Grab in Mårbacka fährt – an ihn zurück. Sie glaubt die Gedanken zu erraten, die den Leutnant Lagerlöf bewegen würden, wenn er jetzt neben ihr im Wagen säße und all das Neue sähe, was im Fryktal entstanden war, seit er nicht mehr lebte. Er war der Mann gewesen, der aufgeschlossen für jede Verbesserung war. „Niemals hatte er sich gegen Veränderungen und Verbesserungen gesträubt" – wenngleich ihm Tradition immer Verpflichtung blieb. Er hatte auch den Blick für die neue Zeit besessen. Während Selma selber mit einem Vorurteil gegen den Sozialismus nicht ganz fertig wurde, besaß er ein gesundes Empfinden für das kommende Gute darin. Sie mühte sich, die Idee des Sozialismus zu begreifen als „die Volksbewegung, die in Liebe zum Nebenmenschen erglüht, aber Gott haßt". Ihre eigene soziale Einstellung ist dem humanen Empfinden von Natur aus offen, aber als überzeugte Christin kann sie eben nur auf Überwindung der antichristlichen Gesinnung hoffen.

Abschiedsstunde auf Mårbacka. Frau Lagerlöf, Tante Lovisa, Selma und Gerda blicken von der Veranda in Vaters Rosengarten hinunter und schauen hinauf zu den Wäldern über dem Tal. Sie wissen darum, daß Mårbacka in kurzem nicht mehr ihr Eigentum sein wird, aber keine der Frauen wagt es auszusprechen, daß sie „nächsten Sommer vielleicht nicht mehr hier sitzen und die weißen Wolkenberge hinter den Ebereschenkronen aufsteigen sehen". Es nimmt niemand Anteil an ihrem Kummer in jener Krisenzeit, der so viele Herrenhöfe und Bauerngüter zum Opfer gefallen waren – niemand trauert mit ihnen. Doch plötzlich dringen von einem kleinen Waldabhang nahebei Töne herab zu ihnen, fest und klar. Es ist kein Zweifel, das ist der alte Klarinettenspieler Jon Asker, der läßt Vaters Lieblingsstücke erklingen, wie er sie oft aufgespielt hatte, wenn man auf Mårbacka ein Fest feierte mit Spiel und Tanz: die Arie aus „Preziosa: Einsam bin ich ...", und den „Björnborger Marsch". Der Alte war noch einmal gekommen, um so seinen Dank abzustatten, daß er hatte dabeisein dürfen. „Ja, Gott sei Dank und Lob, daß die harte Wahrheit in helle Erinnerungen eingehüllt kam, in Wehmut und Dankbarkeit."

Selma war derzeit noch Lehrerin in Landskrona mit 1000 Kronen Jahresgehalt. Davon konnte sie den Hof nicht erhalten, aber „sie rief den Himmel zum Zeugen an, daß kein anderes Sinnen und Trachten sie bewegen solle, als das Eigentum ihrer Väter zurückzugewinnen". Von da an „trug sie immer eine Art Heimweh nach dem alten Hofe mit sich herum, sie mochte sein, wo sie wollte. Sie sah ja wohl, daß andere Orte schöner und besser waren; aber nirgends überkam sie jenes Gefühl der Sicherheit und des Wohlbehagens, wie sie es in ihrer Kinderheimat immer gehabt hatte."

Im Jahr 1895 erhielt die Dichterin ein Reisestipendium. Die Fahrt nach Italien wurde für sie ein starkes Erlebnis. Sie schaute die Dome und Paläste, die herrlichen Kunstschätze der Plastik und die Bilder alter italienischer Meister, sah die südlich üppige Vegetation. Sie wurde innerlich ergriffen und bewegt von den für die Protestantin geheimnisvollen Einwirkungen des Katholizismus. Es war ein Glück für sie, daß eine neugewonnene Freundin mit ihr reiste, Sophie Elkan, die lebenskluge und lebenssichere Witwe eines Göteborger Musikalienhändlers. Diese Freundschaft bedeutet für Selma Lagerlöf in ihrer Welt- und Reiseunerfahrenheit von da an auch in der Zukunft oftmals Führung und Rat in manchen Fragen des Tages. Als sie im Dom zu Orvieto vor den Fresken des Luca Signorelli standen, konnte sich die Dichterin dem Eindruck dieser Darstellung des Antichrists in der Gestalt Jesu Christi nicht entziehen. Einer ihrer bedeutenden Romane, „Die Wunder des Antichrist", hat hier seinen Ursprung.

Eine weitere Reise führte die Erzählerin durch Frankreich,

Belgien und Holland. Der Erzählstoff dieser Jahre blieb dennoch heimatgebunden. Selma Lagerlöf war von unerschöpflicher Eingebungskraft. Durchaus nicht alle ihre Geschichten werden heute noch gelesen. Viele sind vom existentiellen Zeitempfinden überholt, vor allem die mit viel heidnischem Gedankengut und abergläubischen Elementen durchsetzten. Dafür hat der aufgeklärte Mensch heute kaum noch Sinn. Die Dichterin wußte um den angeborenen Hang ihres värmländischen Völkchens zum Aberglauben. Sie kannte aber auch die selbstverständliche Gottesfürchtigkeit der Bauern im Alltagsleben. Sie brauchte keine wissenschaftlichen Studien anzustellen, um beides zu verstehen. Da ihre eigene Christlichkeit auf festem Grund stand, konnte sie auch beides in ihren Erzählungen vereinen.

„Die Lagerlöf", sagt Walter von Molo, „ist die Frau, für die es keine ‚erkennende' Wissenschaft, keine ‚unbelebte' Natur gibt! Wort für Wort ist ihr die Bibel, das Buch der Bücher, wahr, sie erhellt sie, sie übersetzt die Gläubigkeit aller Konfessionen gefühlsmäßig in die Kunst."

Als Selma Lagerlöf im Jahr 1897 mit der Mutter nach Falun, der schwedischen Bergwerkstadt, zog, war ihr Rücktritt vom Schuldienst bereits zwei Jahre zuvor erfolgt. Sie hatte die Kinder geliebt und trennte sich schwer. Doch jetzt wußte sie, daß sie ganz Dichterin sein müsse, gelöst aus allen anderen Bindungen. Was kindliche Unbefangenheit einmal so sehr ersehnt hatte, das durfte erst die fast Vierzigjährige in Anspruch nehmen: ganz Dichterin sein. Wartenkönnen und Demut im Blick auf das eigene Können sind stete Begleiter der verantwortungsbewußten Gewissen.

Die Jahrhundertwende kam heran. – In diesen Jahren schrieb die schwedische Epikerin einen ihrer bewegendsten Romane: „Jerusalem", der seinen Platz behaupten wird in der christlichen Weltliteratur. Viele Übersetzungen beweisen, daß er zeitlos und ohne Bindung an Land und Sprache ist.

„Die in der Christlichen Epik seit dem Mittelalter unerreichte und wohl nicht zu übertreffende Größe dieses Buches hat ihre Voraussetzung darin, daß die evangelische Forderung mit einer Selbstverständlichkeit anerkannt und auf die Wirklichkeit angewandt wird, wie sie nur aus der fraglosen Bereitschaft eines großen Herzens zur Nachfolge Christi geboren werden konnte." Das ist der Eindruck, den eine deutsche Dichterin – Ina Seidel – beim Lesen dieses Romans der Schwedin gewann. Ein Urteil, dem sich auch der heutige Leser schwer entziehen kann. Ina Seidels Ausspruch deutet das aus, was Selma Lagerlöf mit der Schilderung von Männern und Frauen und ihren Geschicken aussagen will. Hier bringt sie deutlich zum Ausdruck, wie wichtig ihr in ihrem schöpferischen Werk das Zeugnis christlicher Glaubenshaltung ist.

Die von einer Erweckungsbewegung ergriffenen schlicht-gottesfürchtigen Dalarner Bauern kämpfen den schweren Kampf zwischen dem Gebot der bedingungslosen Nachfolge Christi durch Übersiedlung nach Jerusalem und zwischen der Pflicht, die sie an Hof und Familie bindet. Das schildert der erste Band des Romans: „In Dalarne" in zum Teil erschütternden Bildern im spannungsreichen Bogen von dem Aufkeimen des Gedankens, nach Palästina zu ziehen, bis zur Abreise.

Es sind starke Menschen, die um Jesu willen Verzicht leisten auf Besitz und jegliche zukünftige Lebenssicherung. Es sind irrende Menschen, die in falschem Fanatismus nächste Pflichten nicht erkennen. Harte Charaktere begegnen dem Leser in der Kraft der Selbstüberwindung, zarte Gemüter rühren ihn in der Hilflosigkeit ihrer überforderten Herzen. Die Ereignisse sind mit starkem Einfühlungsvermögen und verstehender Liebe fesselnd und bewegend geschildert.

Der zweite Band: „In Jerusalem" spiegelt in dichterisch vollendeter Form und mit psychologischem Verständnis das wider, was die Erzählerin im Heiligen Land selbst erlebt hat, das sie und Sophie Elkan im Verlauf ihrer ausgedehnten Orientreise besuchten. Um die Jahrhundertwende reisten sie durch Ägypten, die Türkei und Palästina. Die Dichterin gestaltete ihre Begegnung mit den ausgewanderten, sich selber treuen Dalarner Bauern zu einem Meisterwerk der Erzählkunst. Sie hat sie aufgesucht in Jerusalem, die fleißigen, tapferen Dalarner in ihrer frohen Bereitschaft füreinander im Geiste der ersten Christen und für alle Notleidenden, die ihnen begegnen. Sie hat sie erlebt in ihrer Beglückung, nun auf den Wegen Jesu und in seinen Fußstapfen zu gehen. Sie hat sie gesehen in den quälenden Anfechtungen durch Heimweh und Gewissen; Heimweh nach den heimischen Wäldern und dem Alltag in Dalarne und Gewissensnot um die guten Menschen, die sie in Dalarne zurückgelassen haben. Selma Lagerlöf glorifiziert nicht. Sie verschweigt das Elend und die Armut in Jerusalem nicht. Sie beschönigt nicht, daß da die Frömmigkeit der teuflischen Versuchung, einen Anspruch auf größere Heiligkeit zu haben, anheimfällt und die verschiedenen Sekten dadurch der Unbrüderlichkeit erliegen.

Der Schluß des Romans ist ein echter Lagerlöf-Schluß und ist gültige Forderung an alle Gläubigen: Es gibt mancherlei Wege, auf denen echte Frömmigkeit zur Tat werden kann. Den ihm bestimmten Weg zu finden, ist Aufgabe des Menschen. Erkannt hatten den ihren die, die um der Nachfolge Jesu willen nach Jerusalem gezogen waren; bestanden haben aber genauso die, die in der Heimat in Glauben und schlichter Gottesfurcht weiterhin Gott dienten in ihrer täglichen Mühsal.

In dem Roman „Jerusalem", der in den Jahren 1900/01 erschien, wird schon das Ziel deutlich, das Selma Lagerlöf dann auch im Jahr 1920 in ihrer Rede vor der schwedischen Akademie vertrat. Sie kleidete diese Ansprache in die Form der Legende von der „Himmelstreppe", die auf dem Marktplatz der Welt errichtet ist. Nicht, daß wir sie von vornherein ersteigen und um der Seele willen den Aufgaben dieser Welt entfliehen in heilige Sphären, ist Gottes Wille, sondern: „Selig bist du, weil du wußtest: für die Wanderung auf dem Marktplatz dieser Welt ist der Mensch geschaffen. Nur die

Sehnsucht seiner Seele kann er über diese Treppe empor zum Himmel senden." Ob in Dalarne, ob in Jerusalem oder sonstwo auf der Erde, die Aufgabe, die vor den Füßen liegt, ist die nächste, damals wie heute.

Die ersten Jahrzehnte des neuen Jahrhunderts in Selma Lagerlöfs Leben standen unter dem Zeichen: Reisen, Erzählen, Ehrungen.

Die Reisen durch Norwegen, Italien, Nordschweden, Dänemark und England, die die Dichterin unternahm, fanden Niederschlag in Erzählungen vor allem volkstümlichen Charakters. Deswegen hatte sie ja Land und Leute kennenlernen wollen. „Für Schriftsteller gibt es keine Schulen und Akademien, sie müssen ihren Unterricht aus dem Leben selbst schöpfen", so erkennt sie ihre Aufgabe. Der Reichtum ihrer literarischen Hinterlassenschaft kann hier nicht ausgewertet werden, es kann nur etwas von dem anklingen, was in ihrem Schriftgut besonderen Aufschluß über Wesen und Lebenshaltung der Schwedin gibt.

Zeitlos und an keine Nation und an keine Konfession gebunden sind die „Christuslegenden" vom Jahr 1904. Erzählungen zwischen historischer Wirklichkeit und Legende, symbolischdichterisch in einer vollendeten und doch ungekünstelten volkstümlichen Sprache dargereicht. Alte Legenden gewinnen neuen Sinn: die alles überwindende Liebe des Gottessohnes deckt menschliche Schwachheit zu und wandelt die Herzen. Mit der Schlichtheit eines unangefochtenen Glaubens erzählt die große Epikerin hier Begebenheiten aus dem Leben Jesu und Geschichten von der bekehrenden Macht des Christuszeugnisses. Ihre reiche Erfindungsgabe verleitet sie nicht, ihre Phantasie unglaubwürdig walten zu lassen. In diesem Buch kommt Selma Lagerlöfs mütterliche Gesinnung besonders zum Ausdruck. Wie eine Mutter immer wieder allen Erfahrungen zum Trotz an das Gute in ihrem verirrten Kinde glaubt, so sieht Selma Lagerlöf überall die Möglichkeiten zur Umkehr und schildert sie.

Niemals vielleicht hat sie so „aus dem Leben geschöpft" wie in ihrem berühmten Kinderbuch „Die wunderbare Reise des kleinen Nils Holgersson mit den Wildgänsen".

Ein scheinbar nüchterner Auftrag: Die schwedische Schulbehörde forderte die ehemalige Lehrerin auf, ein Unterrichtswerk zu schreiben, das sowohl literarischen Charakter tragen als auch erdkundlich, natur- und volkskundlich belehren und sittlich erziehen sollte. Was ist aus dem Buch geworden? Mehr als ein Heimatkundebuch – ein dichterisches Epos für Kinder und für Erwachsene. Da es aber nun einmal für Schulkinder gedacht war, ist es eins der schönsten Kinderbücher der Weltliteratur geworden, das auch da mit Freude gelesen worden ist und noch heute gelesen wird, wo Kinder keine Wildgänse kennen und Land und Leute anders aussehen als in Schweden. Ein Buch, das auf dem Goldgrund des Märchens ein umfassendes Wissen vom schwedischen Heimatland vermittelt. Menschen und Tiere treiben ihr Wesen. Natur und Jahreszeiten mit Schönheiten und Schrecken stehen den Lesern lebendig vor Augen. Die Pflanzenwelt blüht auf und vergeht. Märchen und Sagen der Heimat sind lebendig, Abenteuer versetzen in Spannung. Mit dem Führungsanspruch der Pädagogin läßt die Dichterin ohne erhobenen Zeigefinger den störrischen Bengel Nils sich bewähren und so aus dem verzauberten Wichtelmann wieder einen Jungen werden, der Ehrfurcht vor allem Lebenden gelernt hat. Heimatliebe auf dem realen Grunde von Heimatkenntnis, Menschen- und Tierliebe durch Erfahrung mit der je besonderen Art der Gottesgeschöpfe, Naturliebe im gleichzeitigen Wissen um die Herrschaft der Naturgewalten, geographisch belegte Kulturgeschichte Schwedens – wenn das nicht ein interessantes Schulbuch ist! Damit hat Selma Lagerlöf die schönste Reise in ihrem Leben gemacht. Natürlich sind die Wildgänse auch an Mårbacka vorbeigekommen, und Nils – so fabuliert die Dichterin weiter – begegnet ihr selber, als sie dort auch gerade einkehren will. Die Wirklichkeit hat ein reizendes Nachwort zu diesem Buch, das in viele Sprachen übersetzt wurde, geschrieben. Neben dem erdachten Nils Holgersson gab es doch wahrhaftig einen wirklichen in Värmland, den sechsjährigen Waisenjungen Nils Holgersson! Selma holte ihn zu sich nach Falun und sorgte für ihn. Als sie schon alt geworden war, schickte ihr der Farmer Holgersson eines Tages aus Amerika seine Frau und einen dritten kleinen Nils zum Besuch nach Schweden, um „Heimatkunde" selber zu erleben.

Selma Lagerlöf sitzt im Eisenbahnwagen und sieht, wie eine Dame einen Astrachanapfel aus der Reisetasche nimmt: „Im selben Augenblick war ich wieder daheim und lief an dem kühlen Septembermorgen im Garten herum, um Früchte unter den Bäumen zu suchen ... Ich müßte es doch so einrichten, daß ich Mårbacka wiedererwerben und von seinen Äpfeln essen könnte."
Die Sehnsucht nach Mårbacka war stiller geworden über einem bewegten Leben, aber sie war nicht erloschen. Sie stand wieder auf, als Tante Lovisa im Jahr 1907 auf dem alten Östra Ämterviker Friedhof im Familiengrab bestattet wurde. Selma und Gerda fuhren nach Mårbacka und hatten das Gefühl, daß dieser kleine alte Herrenhof doch eigentlich ihnen zugehöre. Man müßte ihn zurückerwerben in all seiner Baufälligkeit! Und die berühmt gewordene Tochter kaufte zunächst das Wohnhaus und Vaters Garten zurück als Sommersitz für sich und die dreiundsiebzigjährige Mutter. Das Haus, obwohl noch altersschwächer geworden, wurde vorläufig nur ausgebessert, aber nicht umgebaut. Mutter sollte sich darin wohl fühlen wie zu Vaters Zeiten bis zu ihrem Tod. Er freilich hatte ja „sein ganzes Leben lang davon geträumt, ein richtiges Herrenhaus auf seinem geliebten Heimathofe erstehen zu lassen". Nach Frau Lagerlöfs Heimgang im Jahr 1915 ließ Selma dann erst den prächtigen Bau errichten, an den er gedacht hatte. Als die Dichterin noch ein kleines Mädchen gewesen war, hatte sie sich brennend gewünscht: „Wenn ich

groß bin, möchte ich gern einmal in einem Haus wohnen, das weiß gestrichen ist und ein Schieferdach hat und einen großen Salon, wo man spielen und tanzen kann, wenn es ein Fest gibt." Als es dann soweit war, wollte sie freilich nicht mehr spielen und tanzen, sondern arbeiten – schreiben.

Am zweihundertsten Geburtstag des Naturwissenschaftlers Carl Linné im Jahr 1907 wurde der hervorragenden Darstellerin der schwedischen Natur das Ehrendoktorat der Universität Uppsala zuerkannt. Menschlich reicher und bezeichnender aber waren die Zeichen der Verehrung, die sie an ihrem fünfzigsten Geburtstag entgegennehmen konnte. Ihr Name war nicht nur in den Spalten der Zeitungen vieler Kulturländer, sondern war vor allem in den Herzen des einfachen Volkes ihrer Heimat lebendig. Es las ihre Erzählungen und liebte die mütterliche Frau, deren Empfindungswelt die seine war. Sehr bewegten das Geburtstagskind die Briefe, die die Kinder „zum Dank für Nils Holgersson klecksten". Den eigenen Dank für die Glückwünsche, die sie zu ihrem fünfzigsten Geburtstag erhalten hatte, faßte sie in Worte, die deutlich werden lassen, wie ihr Herz an diesem Kinderbuch hing:

> „Manche Fährnis widerfährt dem kleinen Jungen auf der Reise. Alle Tiere, alle Vögel können kaum ihm Schutz bereiten. Ich, die ausgesandt den Armen, freue mich über jeden jungen Freund, der lieb ihn aufnimmt, Freistatt ihm gewährt im Herzen."

Selma Lagerlöf war Volksschriftstellerin geworden, und das galt ihr für die höchste Ehre.

„Edle Idealität, Reichtum der Phantasie und seelenvolle Darstellung" – das sind die Attribute, die die Urkunde zur Verleihung des Nobelpreises für Literatur Selma Lagerlöfs literarischem Schaffen zuerkennt. Als erster Frau wurde ihr diese hohe Würdigung zuteil. Am 10. Dezember 1909 mußte sie die Reise nach Stockholm machen, um die Ehrenurkunde persönlich in Empfang zu nehmen und die vorgeschriebene Rede zu halten. Ihr ist diese Fahrt aus der Stille von Mårbacka in die ungewohnte Hauptstadt bestimmt weit schwerer gefallen als über vierzig Jahre später Albert Schweitzer die seine, als er aus gleichem Anlaß von Lambarene nach Oslo unterwegs war. Sie suchte nach der rechten Form für ihre Ansprache und fand eine dichterische Lösung, indem sie der Festversammlung eine Legende erzählt. Die Dichterin fühlt sich in den Himmel zu ihrem Vater versetzt. Sie schildert ihn dort nach seiner gewohnten irdischen Weise im Schaukelstuhl sitzend und ihr zuhörend. Vor ihm schüttet sie nun ihre Zweifel darüber aus, ob ihr wirklich die hohe Ehrung zukäme. In ihrer Bescheidenheit weist sie alle Verdienste von sich ab und zeigt hin auf die, die mitgeholfen haben, daß sie die gefeierte Erzählerin wurde. Zuerst ist es der Vater selber gewesen mit seinen Sagen und Liedern, sodann die alten Mären und Geschichten des Värmlands, die ihr den Stoff lieferten. Alle sind ihre Gläubiger, auch die, die ihr Selbstvertrauen durch Ermutigung zum Schreiben gestärkt oder die ihr die äußeren Dinge des Daseins erleichtert haben. „Denke nur, Vater, es ist ja nicht nur Ehre und Geld, was sie gegeben haben. Es ist auch das, daß sie eine so gute Meinung von mir haben, daß sie es wagten, mich vor aller Welt auszuzeichnen. Wie soll ich diese Dankbarkeitsschuld abtragen?" – so beschließt sie ihren Bericht. Vater wischt sich die Freudentränen aus den Augen, schlägt mit der Faust auf die Stuhllehne und sagt: „Ist es so, daß du den Nobelpreis bekommen hast, dann will ich an nichts anderens denken, als froh zu sein!" Eine ganz unakademische Rede in einer herrlichen Bildersprache und in der Sprache eines demütigen Herzens.

170000 Kronen waren der reale Hintergrund der Ehrung. Der Augenblick ist da, der ihr die Kinderheimat zurückgibt. Selma kaufte nun das ganze alte Besitztum der Voreltern, und es ging ihr nicht nur um das Erwerben. Sie ließ die Gebäude ausbessern. Sie wurde Gutsherrin, beschäftigte sich mit Bodenkultur, die das Land ertragreicher machen würde, wählte das Saatgut selber und bestimmte Aussaat und Ernte, machte sich mit Viehzucht vertraut. Die Bauern der Umgebung arbeiteten für sie und lernten bei ihr. Sie erhielten nicht nur manchen Ratschlag von ihr, sondern erfuhren auch ihre tätige Hilfe, wo es not tat. Mårbacka war offen für Verwandte und Freunde. Man war gastfrei in Värmland. Als dann freilich an Nobels hundertstem Geburtstag die Frage an die Nobelpreisträgerin gerichtet wurde, was ihr persönlich der Preis bedeutet hätte, kam sie in Gewissensnöte. Haben andere mit diesem Geld sinnvoller gehandelt als sie? Hätte auch sie Werken der Barmherzigkeit wesentliche Opfer zufließen lassen oder Forschungen, die der Menschheit zum Wohle dienten, unterstützen müssen? Aber nein – sie hatte eine Dankesschuld abgetragen. Alfred Nobel würde es verstanden haben. Nie wäre sie Dichterin geworden ohne den hundertfältigen Segen, den Heimat und Heimathaus, Kindheitseindrücke ihr vermittelten. Was wäre sie ohne Mårbacka mit seinen uralten Bräuchen, seinem Reichtum an Sagen und Geschichten, „seinen guten, sanften Menschen"!

Um das ganz begreifen zu können, muß man an den köstlichen Jugenderinnerungen der Dichterin teilnehmen: „Mårbacka", „Ein Stück Lebensgeschichte", „Noch ein Stück Lebensgeschichte", „Leben und Dichten." Als sie diese Kapitel aus ihrem Leben niederschrieb, war sie alt geworden, und sie hatte eigentlich nur für sich selber fabuliert. Es sind keine „Es-war-einmal-Bücher" geworden, sondern es lebt darin *die* Gegenwart, die mit der Erzählerin ging zeit ihres Lebens und ihr den ganzen Reichtum an Geborgenheit, Fröhlichkeit, Sorglosigkeit und Liebe in glücklichen Kindertagen bewahrt hat. Das ist mit Innigkeit und zum Teil frischem Humor berichtet in den genannten Büchern.

Die weltoffene Gesinnung der großen Schwedin ließ nicht zu, daß sie mit ihren Erfolgen zufrieden war, sie rührten sie vielmehr im Gewissen an und mahnten sie an Verpflichtungen: ihr Name war hinausgedrungen über die engere und weitere Heimat, und alles, was sie von jetzt an in ihrem literarischen

Werk und in der staatsbürgerlichen Öffentlichkeit aussagte, würde mehr Geltung erhalten. Mit dieser Erkenntnis legte sie sich die persönliche Verantwortung auf, sich selber treu zu bleiben und wahrhaftig zu sein. Gerade deshalb wurden die mannigfachen Reden, die sie in den nächsten Jahren hielt, beachtet. Zumeist waren sie durch die Poesie, ihr Lebenselement, gestaltet und durch ihr warmherziges Frauentum geadelt. Davon war auch ihre Mitarbeit an der Frauenstimmrechtsbewegung durchdrungen. Ihre Rede „Heim und Staat" vom Jahr 1911 ist eine fast hellseherische Hindeutung auf eine heute gegenwartsnahe Einstellung zu dem Thema: Mitarbeit der Frau im Berufsleben und im Staatswesen. Selma Lagerlöf wertete eine solche vor allem als ideellen Gewinn für das Volksleben. In dem gleichberechtigten Einsatz der Frau im Berufsleben sah sie keine Beeinträchtigung der Aufgaben der Männer, sondern das fördernde Seite an Seite. Dieses Miteinander bedarf das Staatswesen. Die Frau kann ihre Aufgabe, das kleine eigene Heim zu gestalten, nicht ohne Hilfe des Mannes erfüllen, und – so führte die Vortragende aus – die Parität männlicher und weiblicher Gesinnung und Einflüsse kann erst den sicheren Bau des großen Heims des Volkes, den vollkommenen Staat, gewährleisten. „Du mußt überall hinein, du mußt überall zur Hand sein, wenn der Staat einmal geliebt sein soll wie ein Heim. Sei gewiß, daß deine Arbeitskraft, die jetzt so gering geachtet ist, bald geschätzt und gesucht werden wird, ja, über deine Leistungsfähigkeit in Anspruch genommen ... Das große Meisterwerk, der gute Staat, wird vom Mann geschaffen werden, wenn er die Frau ernstlich zur Helferin macht."

Eine der häufigen Reisen der Dichterin führte sie im Jahr 1912 nach Finnland und sodann nach Rußland. Sie wollte auch das Land kennenlernen, in dem schon zu Anfang des Jahrhunderts in etwa zwanzig Zeitschriften ihre Erzählungen erschienen waren und zwei Verlage „Gesammelte Werke" der Lagerlöf herausbrachten. „Jerusalem" und „Nils Holgersson" erlebten – wie auch in anderen Sprachen der Kulturstaaten – in russischer Übersetzung mehrere Auflagen. Die großen Dichter Rußlands, Tolstoi und Tschechow, schätzten die schwedische Erzählerin hoch. Ihr Zeitgenosse Maxim Gorki konnte sich zwar mit ihrem ganz selbstverständlich vom evangelischen Gedankengut her fundierten Verständnis der Ideen des Sozialismus nicht solidarisch erklären, aber er achtete sie als „die größte Schriftstellerin unserer Tage".

Mitleiden – Mittragen und die Stimme zur Abwehr erheben, das machte sich Selma Lagerlöf zur Aufgabe, als im Jahr 1914 das Kriegsgeschehen über die Nachbarvölker hereinbrach. Sie erlebte sogar die Neutralität ihres Landes als schwere innere Bedrängnis und war bedrückt von dem Gedanken an das Leid und die Nöte, denen Tausende ausgesetzt waren, während das eigene Leben in ruhigen Bahnen weiterlief. Sie war wohl eine der wenigen, die von Anfang an hinter Begeisterung, Heldenverehrung und Siegestaumel der Kriegführenden die Tränen und das Herzeleid sah und die das auch, ohne Hehl daraus zu machen, öffentlich aussprach. Sie erlebte Ängste und Qualen der Soldatenmütter nach. Ihr Buch „Stimmungen aus den Kriegsjahren" zeugt beredt davon. Der nie verstummende Ruf zu christlicher Friedfertigkeit war ihr Pflicht, der sie zu gehorchen hatte.
Nicht nur ihr mahnendes Wort hat die Schwedin gegen die Sinnlosigkeit des Krieges erhoben; sie tat Herz und Hände auf, um durch Spenden Not zu lindern, hungernde Kinder zu speisen, Gefangene zu unterstützen, kurz, dem Elend zu steuern, so gut es ihr von neutraler Seite aus nur möglich war. Sie ließ auch nach Beendigung des Krieges ihre Stimme nicht schweigen. Ihre eindrücklichste Warnung vor solchem Blutvergießen ist ihr im Jahr 1918 erschienener Roman „Das heilige Leben". Das furchtbare Geschehen des Jahres 1916 bei der Seeschlacht am Skagerrak veranlaßt sie zu der anklagenden Schlußaussage:

„Was wissen wir? In ein paar Jahren kann die Erinnerung an den Kummer, an die Schmerzen und Verwüstungen dieses Krieges schon vergessen sein ... Auf uns kommt es jetzt an, ob wir den Menschen einen Ekel vor dem Krieg einflößen und ob wir ihnen diesen so fest einprägen, daß ihn keine Reden von Ehre und Heldentaten mehr aus ihrem Herzen verdrängen können." Der Einsatz der Schwedin für die Ziele des „Roten Kreuzes" auch nach dem Krieg ist Folgerung davon, daß sich ihr evangelisches Denken immer auch bewußt mit humanen Zielen verband und nicht schwieg, wo es das zu beweisen galt. In einem von ihr verfaßten Aufruf für das „Rote Kreuz" mahnt sie: „Nicht nur in Kriegszeiten gibt es Verwundete und Gefangene, Betrübte, Hungernde und Kranke. Helft uns, daß wir auch in Friedenszeiten gegen die Feinde des Lebens kämpfen können." Sie betrachtete ihre schriftstellerische Aufgabe auch als eine erzieherische zur brüderlichen Zusammenarbeit der Völker. Das war keine allgemeine pazifistische Gefühlsregung, es war ihr frauenhafter Instinkt, der sich gegen Gewalttätigkeit wehrte. Mit durchaus weltzugewandtem Blick suchte sie den Ausweg aus Ungerechtigkeit und Mißtrauen in gegenseitigem Verstehenwollen.

„Christliche Weltkirchenkonferenz" in Stockholm, von Erzbischof Söderblom im Jahr 1925 einberufen: Selma Lagerlöf ergriff das Wort bei dieser Tagung, deren Thema praktisches Christentum war: „Darum haben sie sich jetzt hier aus den vier Enden der Welt versammelt, um den Frieden und Zusammenhalt zu schaffen, nach dem die Völker seit Jahrtausenden geschmachtet haben, und die sicherlich das Leben leichter zu leben machen würden!" Ihre Rede kleidete sie wiederum in eine Erzählung, die ausklingt in den Ruf: „Einigkeit" – aus christlicher Verantwortung.

Tatchristentum, das ist auch der tragende Grund, auf dem die „Löwensköld-Romane", ein Dreier-Zyklus, aufgebaut sind. Der zweite Teil „Charlotte Löwensköld" enthält zweifellos selbstbiographische Züge der Epikerin. Ihre eigene Lebenshaltung bestätigt ihre Aussagen, daß es für christliches Handeln kein Sonderbereich und auch kein besonderes Privileg gibt, es muß sich im täglichen Tun auswirken und sich in allen Dingen beweisen.

In späteren Lebensjahren hatte Selma Lagerlöf nicht mehr den Drang, nur Schriftstellerin zu sein, sondern schrieb mit gleicher Freudigkeit viele Briefe an Freunde, denen sie verbunden war, und auch an Fremde, die ihren Rat suchten oder mit materiellen Wünschen nicht vor dieser gütigen Frau zurückhielten. Die Bauern ihres Kirchspiels achteten die tüchtige Gutsherrin, die vierzig Kühe im Stall hatte und über Saat und Ernte gut Bescheid wußte. Sie dankten ihr, daß sie mit Weitblick eine Hafermehlfabrik angelegt hatte, um ihnen Verdienst zu sichern. Es war beliebt im ganzen Umkreis, das Mårbacker Haferprodukt! – Immer zu gastfreundlichem Verhalten bereit empfing die Dichterin in ihrem schönen Arbeitszimmer mit den hohen Fenstern auf Mårbacka viele Besucher. Die Einkehr des Friedensapostels Rabindranath Tagore bei ihr gehörte zu ihren schönsten Begegnungen. Sie empfing die holländische Königin und den schwedischen Kronprinzen. Mit gleicher Herzenswärme beriet sie einen zaghaften Studenten, der eine Wegweisung brauchte und diese nur von ihr erhalten zu können meinte, und sie wies auch den Journalisten nicht ab, dessen Erscheinen ihr mehr lästig als lieb sein mochte. Ihre Menschenfreundlichkeit ließ es nicht anders zu.

„Um deines Herzens willen preisen wir dich und haben dich lieb" – ein Wort Gabriele Reuters, das sie der Dichterin an ihrem siebzigsten Geburtstag zugesprochen hat. Ricarda Huch ergänzt dieses hohe Lob für die Frau auch zum unvergänglichen Ruhm der Dichterin: „Möge die gütige Mutter nie ermüden, den lauschenden Kindern Europas ihre unvergänglichen Märchen zu erzählen." Segenswünsche von kirchlicher Seite, Glückwünsche der Regierung konnten die Epikerin nicht mehr erfreuen als die Hunderte von Zuschriften aus ehrlicher Bewunderung, die ihr von ehemaligen Mitseminaristinnen und Schuldienstkollegen zukamen. Sie konnten sie nicht herzlicher ansprechen als die schlichten Grüße der einfachen Menschen des Värmlandes, die vielleicht die dichterische Größe nicht erfaßten, aber das mütterliche Handeln an sich schon erfahren hatten.

„Hoch" oder „niedrig" geboren, ihr galt es gleich im Leben, so, wie auch in einer ihrer Erzählungen der heruntergekommene „Spielmann", in einer anderen das arme „Mädchen vom Moorhof" die gleiche Liebe in der Darstellung erfahren haben wie die reichen Ingmarsöhne von Dalarne. Auch Deutschland nahm an der Ehrung der Dichterin durch Verleihung des Ehrendoktorats der Greifswalder Universität teil. Sie aber fand es wichtig, ihren Ehrentag zum Anlaß zu nehmen, andere Menschen mit reichlichen Spenden zu beschenken.

Als die Dichterin ihren achtzigsten Geburtstag beging, lag schon wie eine drohende Wolke der zweite Weltkrieg über den Staaten. Sein Ausbruch traf sie hart. Waren ihre Warnungen ungehört verhallt? Hatte das deutsche Volk, das sie liebte, schon wieder vergessen? Es blieb ihr erspart, die barbarische Wirklichkeit, die auch ihr eigenes Volk zu spüren bekam, bis zuletzt mitzuerleben. Sie wurde am 16. März 1940 in den ewigen Frieden heimgeholt.

Adalbert Stifter sagt in seiner Vorrede zu einer Ausgabe seiner Erzählungen vom Jahr 1832: „Wenn etwas Edles und Gutes in mir ist, so wird es von selber in meinen Schriften liegen, wenn aber dasselbe nicht in meinem Gemüte ist, so werde ich mich vergeblich bemühen, Hohes und Schönes darzustellen, es wird doch immer das Niedrige und Unedle durchscheinen."

Von gleicher schlichter Unabsichtlichkeit ist auch Selma Lagerlöfs Leben und Werk geprägt.

Es liegt über ihrem Leben ein Geheimnis, das sie in ihrem

Werk offenbart. Sie erlebte und sah Licht und Schatten, ihre ganze Menschlichkeit strebte aber nach der lichten Seite des Daseins. Licht aber bedeuteten für sie die Macht der Güte und das Gute selbst. Ihre Romanstoffe erlegten ihr auf, oft über Verderbtes und über Verirrtes zu schreiben. Sie besaß die Herzenskraft, dennoch den Funken des Reinen darin zu suchen und anzufachen. Der christliche Glaubensgrund, auf den ihr Denken und Dichten und ihr Handeln aufgebaut waren, rüstete sie aus mit einer unerschütterlichen Zuversicht auf die Überwindung des Egoismus, der Ungerechtigkeit, Niederträchtigkeit und Herzenshärte gegen den Mitmenschen.

Es war ihr ernst darum zu tun, Vertrauen gegen Mißtrauen zu setzen, denn sie suchte die Menschen, um sie zu lieben.

Als Zeugnis für ihr Bestreben, ihrem Leben letzte Erfüllung zu geben, mag ein Wort aus ihrer Novelle „Fuhrmann des Todes" gelten:

> „Gott, laß meine Seele zur Reife kommen, ehe sie geerntet wird."

Caspar René Gregory

Es war „damals" – das heißt zu jener etwa ein Jahrhundert zurückliegenden Zeit –, als Athos mit dem „Heiligen Berg", die östlichste von den drei Landzungen der griechischen Halbinsel Chalkidike, noch keine Sensation für Reiselustige und Abenteuerhungrige war. Sie blieb von jedem Fremdenverkehr herkömmlicher Art unberührt. Der Reisende, der, von Griechenland kommend, nach dem Athos unterwegs war, mußte, auf dem Maultier reitend, die ungebaute Straße von Saloniki nach Tripti dahinziehen. Damals brachten noch keine Autobusse Ströme von Besuchern nach dem einsamen ausgestreckten Landfinger, denn die neue Straße quer über die Chalkidike gab es noch nicht. Wer in das „Dornröschenland" vordringen wollte, mußte mit einer kleinen Barke nach dem Hafen Daphni fahren und dann zusehen, wie er weiterkam. Auch die zwanzig Klöster, die zumeist weit voneinander gelegen sind und in denen die Mönche ihr verborgenes Dasein führten, waren untereinander nur durch unwegsame Pfade verbunden – Bergpfade, stein- und geröllbedeckt.

Noch heute ist dieses merkwürdige Land mit etwa dreitausend Mönchen verschiedener Nationalität eine Mönchsrepublik. Die an Zahl immer mehr abnehmenden Insassen der zum Teil herrlichen Klosterbauten legen auch keinen Wert darauf, je als etwas anderes zu gelten. Ihr Brauchtum ist jahrhundertealt wie die Felsenklöster, in denen sie leben. Das Urkloster, die „Große Lawra", wurde im Jahr 963 von Athanasios gegründet.

Die Pfade, die in diese Einsamkeit führten, waren äußerst reizvoll für den, der ihre Wildnis nicht scheute. Bergauf und -ab ging es durch Hochwald von Tannen, Buchen, Ahornbäumen und Eiben. War der einsame Reiter dann auf die 700 bis

800 Meter hoch gelegene Hochebene gelangt, empfing ihn Kastanienwald, kilometerweit gedehnt. In den Lichtungen blühten Goldraute und Amarantus, die „Unverwelkliche", mit ihren leuchtend roten Blüten. So geht es noch heute hinauf zu dem über 1900 Meter hohen Berg Athos mit seinem marmornen Gipfel. Dort wartet die kleine Kapelle Panagia auf das Gebet des Bergsteigers, der etwa zwölf Stunden Wegs hinter sich hat. Weit unten sieht er nach rechts und links das Meer sich dehnen, Schneisen von weißem Schuttgestein ziehen sich rechts und links des Höhenwegs hinunter.

So ist die Natur – wenn auch ständig sich erneuernd – dennoch die gleiche geblieben, wie sie vor tausend Jahren war. Und wie vor tausend Jahren erschallt in den uralten Felsenklöstern die Stundentrommel und ruft die Mönche zu den gewohnten „Horen", den Stundengebeten, bis zum heutigen Tag.

Von „damals" soll zunächst berichtet werden, davon, wie ein Wanderer – es war im Jahr 1902 – ganz allein die Bergpfade von Kloster zu Kloster unterwegs war. Er hätte sowieso den Autobus nicht benutzt, selbst wenn es da schon einen gegeben hätte. Er wäre auch nicht in einem Hotel eingekehrt und hätte nur ein bedauerndes Lächeln für denjenigen gehabt, dem die wenig verlockende Taverne am Meeresgestade nicht genügte. Er selber hatte seinen bescheidenen Mundvorrat in der Tasche stecken.

Dieser nicht sehr große und nicht stämmig gebaute Mann, hinter dessen Gestalt man seine Zähigkeit nur vermuten konnte, war der deutsche Gelehrte Capar René Gregory, der deutsche Professor, der neutestamentliche Handschriftenkunde an der Universität zu Leipzig lehrte.

Er suchte auf dem Athos weder Sensationen noch das Abenteuer. Ihn entzückte die paradiesisch schöne Landschaft in ihrer Naturhaftigkeit und Ursprünglichkeit, an der keine Menschenhand beschnitten und „veredelt" hatte. Aber auch der Natur wegen war er nicht zum Athos gereist. Sein Anliegen war ein anderes, und dem strebte er ohne Aufenthalt zu. Er war mit gutem Mut und mit großen Erwartungen hierhergekommen, die auf nichts Höheres und nichts Geringeres zielten als darauf, verborgene alte Handschriften des Neuen Testaments in den Klöstern zu finden. Um dahin zu gelangen, hatte er weder die lange Reise noch Unbequemlichkeiten gescheut. Er wanderte von Kloster zu Kloster, unentwegt. Oft mußte er sich einen Weg durch wildwachsendes Gestrüpp bahnen, je näher er an ein Kloster kam; oft eine Spur dahin erst suchen und sich dann vom Ziel überraschen lassen.

Wenn er endlich vor einem Felsenkloster stand, konnte es ihm passieren, daß er nicht ohne weiteres Einlaß fand, sondern erst einmal schroff abgewiesen wurde, was ihn aber nicht gleich entmutigte. Ein anderes Mal begegnete er dafür freundlicher Aufgeschlossenheit der Mönche für Gespräche und ihrer Bereitschaft, die Legenden um wundertätige Bilder und Ikonen, die ihre Kapellen schmückten, zu berichten. Allerdings war die Willigkeit auch manchmal nicht frei von begreiflicher Neugier, durch den Fremden etwas von der Welt draußen zu hören. Die Legende ist ein Stück Geschichte des Athos und seiner Bewohner. Sie spiegelt das wider, was eigentlich immer bleibt, weil es Neues dort kaum gibt. Man lebt von der Tradition und bleibt beharrlich in der Frömmigkeit der Vorväter.

Für das, was Professor Gregory suchte, fand er nicht immer Verständnis bei den Besitzern der oft sehr wertvollen Handschriften. Die Athosklöster sind reich daran. Rund 12 000 Codices griechischer Handschriften führen dort ihr teilweise noch verborgenes Dasein, soweit sich nicht die Forschung bereits ihrer bemächtigt hat. Diese Schätze waren nicht immer wohlgeordnet in den Regalen von Bibliotheken zu finden, sondern zuweilen auch in weniger würdigen Nebengelassen, in Mönchszellen, selbst im Keller. Nicht immer waren sie im Laufe der Jahrhunderte mit Liebe und Verständnis für ihren hohen ideellen und tatsächlichen Wert behütet worden. Deshalb zeigten sich manche Schäden, die die Entzifferung solcher Handschriften schwer machten. Oftmals waren sich in früheren Zeiten die Mönche nicht bewußt, welche Kostbarkeiten sie beherbergten. Sie erfaßten es aber schnell, sobald ein Fremder sich darum bemühte. Und dann wollten sie nicht gern etwas davon herausgeben.

Ganz kompliziert drohte es zu werden, wenn eine Klosterbibliothek unter dem eisernen Gesetz stand, daß drei Patres zugegen sein mußten, ehe ein solcher „Eindringling" den Handschriftenraum überhaupt betreten konnte. Jeder der drei besagten Klosterbrüder hielt nämlich einen Schlüssel zu dem dreifach zu öffnenden Türschloß in Gewahrsam. Es war nun gar nicht so einfach, die drei zusammenzurufen. Es mochte sein, daß einer nach dem Hafen gewandert war, um Fische einzukaufen, er war erst nach einigen Stunden zurückzuerwarten. Es mochte sein, daß der andere ein Gelübde erfüllte und, in langer Gebetsübung versunken, die ganze Nacht in der Kapelle auf den Knien lag. Da war dann jedes Bitten überflüssig. Auch der deutsche Professor mußte sich in Geduld fassen – vielleicht mit dem Erfolg, daß er nicht ein einziges brauchbares Blatt einer neutestamentlichen Handschrift fand.

Eine bezeichnende kleine Geschichte erlebte in der Gegenwart ein deutscher Bibliothekar bei seinem Besuch im Iwiron-Kloster. Sie wirft Licht darauf, wie sehr heute gelehrte und kundige Mönche, die ihr ganzes Dasein der Wissenschaft verschreiben, bedacht sind, auch ihre wertvollen Schätze vor Zugriffen zu schützen. So fragte Pater Athanasios, der Bibliothekar des Klosters, seinen Besucher, ob in seiner heimatlichen Bücherei die Nummernschilder auf dem Rücken der Handschriften mit denen im Katalog übereinstimmten, was der Deutsche als selbstverständlich bejahte. Anders war es mit der Berufsehre ja auch nicht in Einklang zu bringen. Weit gefehlt nach der Meinung des östlichen Kustos'. „Dann bist du ein schlechter Bibliothekar", sagte Athanasios. „Bei mir stimmen sie nicht überein, sonst könnte ja jeder an Hand des Kataloges sofort *die* Handschrift im Regal finden und *die* leicht stehlen, die er begehrt!" – Durchaus nicht alle Mönche sind Freunde der Wissenschaft und Kundige der Gelehrsamkeit wie der Bruder Athanasios.

Gregory war die Gelassenheit selber, und Gregory hatte Geduld allen Zwischenfällen gegenüber. Ihn trieb nichts als allein die Liebe zu den heiligen Schriften des Neuen Testaments. Die Originale der ersten Niederschriften sind verlorengegangen, die späteren Abschriften zuweilen mit Fehlern durchsetzt. Es galt deshalb, zum Urtext möglichst weit durch Vergleichungen vorzustoßen. Was der deutsche Wissenschaftler auf dem Athos erlebte, ist Beispiel für seine Arbeit und sein Ziel, ist Grundpfeiler seiner Gelehrtentätigkeit.

Der Ursprung seines menschlichen Wirkens beruht auf einem anderen Grundpfeiler, und das ist die alte Familientradition des frommen, protestantischen Geschlechts der Gregory. Seit dem 18. Jahrhundert lebten die Vorfahren in Pennsylvanien in Nordamerika. Dieser Staat hat seine Geschichte, die auch für die Wesensart der Eltern Gregorys bemerkenswert ist.

Im 17. Jahrhundert fühlte sich ein Oxforder Student, William Penn, angerührt von dem Schicksal der in England verfolgten Quäker, jener glaubensstarken und lebensfrommen christlichen Gemeinschaft, die wegen politischer Gegensätze zum Staat viele Anfechtungen erleiden mußte. Sie stand zudem auch noch im Widerstreit zur katholischen Kirche. Der Grundgedanke ihrer Glaubenslehre ist die Erleuchtung des einzelnen Menschen zur wahren Gotteserkenntnis durch den Heiligen Geist. Es gibt bei ihnen keinen geschulten Predigerstand, sondern jeder, der sich in der Gemeinde berufen und aufgerufen fühlt, gibt seine Gotteserfahrung weiter. William Penn ließ das Gewissen keine Ruhe, etwas zu tun für die Quäker, die Brüder, deren Wesen und Art seiner eigenen Gläubigkeit entsprachen. Nicht nur mit dem Wort setzte er sich durch verschiedene Schriften für sie ein, er ließ sich für sein Eintreten sogar eine gewisse Zeit gefangenhalten. Schließlich wurde er zum Begründer einer Freistätte in Amerika für seine Glaubensgenossen. Er war nicht nur ein gottesfürchtiger, sondern auch ein hochgebildeter Mann. Sein großes Vermögen ließ er in selbstloser Liebe zum Segen für andere werden. In konsequentem Handeln gewann er am Delaware in Nordamerika, südöstlich von New York, ein großes Landgebiet, das den Namen Pennsylvanien – das ist „Penn's Waldland" – erhielt und das er den Quäkern zur Besiedlung zur Verfügung stellte. Diese kleine Gemeinschaft bekam dann ihre eigene Verfassung, in der der Gedanke der vollkommenen Religionsfreiheit und der Toleranz gegen alle Glaubensrichtungen christlicher Prägung das ebenso Neue und Großartige war wie das Verbot des Sklavenhandels. Die Ethik der Verfassung gründete sich auf Nächstenliebe und Humanität. Im Jahr 1683 legte William Penn als Mittelpunkt dieses Quäkerstaates den Grund zu der Stadt Philadelphia, deren Name deutsch „Bruderliebe" bedeutet.

Im letzten Viertel des 18. Jahrhunderts wanderte auch ein Abkomme der von den Ahnen her altfranzösischen Protestantenfamilie Grégoire in Pennsylvanien ein: René Grégoire. Das Unbehagen dieses reformiert Gläubigen inmitten der katholischen Umwelt in Frankreich traf zusammen mit seiner Begeisterung für den amerikanischen Unabhängigkeitskrieg, und so lockte es ihn in das Land der großen Möglichkeiten. Sein Sohn Caspar Ramsay legte dann den französischen Namen ab, das heißt, er amerikanisierte ihn in Gregory, zog nach Philadelphia und wurde dort der erste Anwohner der Familie.

Von da an waren die Gregorys in der pennsylvanischen Hauptstadt ansässig. Große Achtung wurde ihnen dort zuteil, nachdem der Sohn von Caspar Ramsay, Henry Duval Gregory, eine schnell anerkannte „Privat-Knabenlehranstalt" gegründet hatte und mit großem Geschick leitete. Er war ein kluger, aufrechter Mann, wohl ausgebildet in der Pädagogik.

Aus einem warmen Herzen und aus gütigem Verstehen wußte er vortrefflich mit der Jugend umzugehen. Mit der Liebe zu ihr verband er eine hohe Verantwortung für die Bildung der Charaktere und pflanzte Ethik und Frömmigkeit in die jungen Herzen – vielleicht mit einer etwas eng gebundenen pietistischen Strenge. Als wichtigstes Erziehungsmittel sah er das Vorbild an und bemühte sich, selber so zu handeln, wie er es an den Kindern heranbilden wollte. Später wurde er in eine leitende Stellung am öffentlichen Gymnasium in Philadelphia berufen. Auf einem besonderen Blatt der Lebensgeschichte dieses ausgezeichneten Mannes steht seine unangefochtene Glaubenszuversicht verzeichnet. Es wird berichtet, daß er ein gutes Einkommen hatte, so daß es seiner Familie mit zehn Kindern – zwei Söhnen und acht Töchtern – nicht am Notwendigen fehlte. Übrig blieb freilich selten etwas. Besaß er aber doch einmal mehr, als zur augenblicklichen Befriedigung der Bedürfnisse gehörte, so sah er dies als Wink Gottes an, das „Überflüssige" weiterzugeben, und er spendete es für Werke der christlichen Nächstenliebe seiner reformiert-presbyterianischen Kirche. Mit den Quäkern verband die Gregorys die starke Gesinnungsverwandtschaft und ihr Bemühen um Rechtgläubigkeit und Nächstenliebe.

Am deutlichsten zeigte sich das bei Henry Duvals Ehegefährtin Mary Jones, einer gebürtigen Engländerin. Sie hielt sich an das Wort des Apostels: „Täter des Wortes – nicht Hörer allein." Sie übte ihre Wohltaten im verborgenen an den Krankenbetten der Einsamen, in den Häusern, wo die Ärmsten darbten und wo sie Alte auf ein Wort des Zuspruchs und auf eine warme Suppe nicht vergeblich warten ließ. Selbst wenn es nur eine fromme Legende wäre, daß sie des Sonntags den weiten Weg zur entfernten Kirche zu Fuß zurücklegte, um Kutscher und Pferd nicht um die verdiente und gebotene Sonntagsruhe zu bringen, so wäre es doch ein gültiges Zeugnis für ihre Wesensart. Sie nahm es genau mit den Geboten Gottes.

Was der Athoswanderer Gregory in diesem Elternhaus als

Eindrücke einer christlichen und humanen Lebenshaltung empfing, das machte ihn willig zu dem fröhlichen Christenstand in der lauteren Selbstverständlichkeit des mitmenschlichen Handelns, das sein späteres Leben prägt.

Es lohnt sich, den Weg dieses Theologen und dabei für alle äußeren Gegebenheiten aufgeschlossenen, grundgütigen Menschen nachzugehen. Ein Wort aus seinem eigenen Mund charakterisiert seine Lebensauffassung:

> „Ich möchte gerade meiner Zeit dienen. Ich habe es allein mit der Gegenwart zu tun. Gott wird für die Zukunft sorgen."

Ehe ein Mann die Wissenschaft auf sein Panier schreiben, ehe er seiner Zeit dienen kann, muß er erst lernen und reifen. Um das an Caspar René Gregory zu erfahren, kehren wir zunächst nach Philadelphia zurück. Am 6. November 1846 wurde dort nach zwei Schwestern der erste Sohn des Hauses Gregory geboren. Nach biblischem Muster der Hanna hatte die Mutter den Wunsch, daß ihr erstgeborener Junge einmal sein Leben dem Herrn zur Verfügung halten möchte. Auf dieses verschwiegene Gelübde baute sie ihre eigenen Wünsche auf. Viel ist nicht bekannt geworden aus Renés Kinderleben, es ist aber anzunehmen, daß die Geschwister in diesem gottesfürchtigen Elternhaus in strenger, aber auch fröhlicher Zucht aufwuchsen, wie sie schlichte Frömmigkeit ganz von selber in den Mittelpunkt der Erziehung stellt. René besuchte die Schule des Vaters, und zwar bis zu seinem fünfzehnten Lebensjahr, so, wie er es in seinem später aus Anlaß der Einreichung seiner Dissertation niedergeschriebenen Lebenslauf bekundet: „studied in father's school till 1861." Wieweit ihn etwa besondere Liebe zum Lernen und der Hang zur Gründlichkeit aus dem Geschwisterkreis heraushoben, wissen wir nicht. Jedenfalls zeigte sich frühzeitig, daß er begabt und fleißig war. Ebenso war er aber auch interessiert an allem handwerklichen Basteln, das ihm große Freude bereitete.

Als im Jahr 1861 der amerikanische Bürgerkrieg ausbrach, hätte sich der Junge – in jugendlicher Begeisterung und noch unreif für die wichtigeren Lebensforderungen, die an ihn herantreten sollten – am liebsten in die Reihen der 75 000 Freiwilligen gestellt, die Lincoln aufrief. Als echtem Presbyterianer ging es ihm dabei in erster Linie um Hilfe für die Unterdrückten, also die schwarzen Brüder, die noch immer als Sklaven gehalten wurden. Glücklicherweise besaßen aber Gregorys Eltern Weitblick genug, den Sohn zunächst zurückzuhalten und ihm nahezulegen, daß sein Platz noch auf der Schulbank sei. Mit neunzehn Jahren bezog er die Universität Pennsylvania in seiner Heimatstadt, um das Theologische Seminar zu durchlaufen, und erwarb sich da bereits den Hochschulgrad eines „Masters of arts", bevor er im Jahr 1867 auf das Presbyterisch-theologische Seminar in Princeton überging.

Während er in Philadelphia studiert hatte, unterrichtete er zugleich an seines Vaters Institut. „Taught in father's school" verfehlt er nicht in seinem Lebenslauf ausdrücklich zu vermerken.

Seinen eigenen Neigungen entsprechend hätte er freilich nicht den Weg des Theologiestudenten eingeschlagen. Daß er sich dennoch seinen Eltern zuliebe zu diesem Studium entschlossen hatte, entspricht der Gesinnung, unter der er aufgewachsen war. Der elterliche Wunsch war ihm Verpflichtung. Die Mutter hoffte, den Sohn einmal als getreuen presbyterianischen Prediger von der Kanzel zu hören. Ursprünglich waren freilich die Zukunftspläne des jungen Gregory in andere Richtung gegangen. Er hätte am liebsten ein Studium und danach diesem entsprechend einen Beruf ergriffen, in dem er seine ausgesprochen praktischen Fähigkeiten hätte anwenden können. Ganz aufzugeben, was ihn lockte, war seine Art nicht, und so entsagte er seinem Hang zum Handwerk nicht ganz, sondern betrieb nebenbei die Tischlerei. Er brachte es darin nicht nur bis zum Gesellen, sondern erwarb sich den Meisterbrief, der ihn unter anderem berechtigte, an Schulen Werkunterricht zu geben.

Gregory ahnte damals noch nicht, welche glückliche Verbindung einmal seine Neigung zu allen Handfertigkeiten mit der Theologie eingehen würde. Eines erkannte er, je mehr er sich in die Themen der Religionswissenschaft vertiefte – zum Prediger war er eigentlich nicht berufen. Er spürte eine Kluft zwischen seinem religiösen Empfinden und einigen Glaubensauffassungen seiner Kirche. Sein Glaube beruhte auf den Wahrheiten der Bibel, die für ihn unumstößliche waren in ihrem geistigen Gehalt. Der Lehre von der buchstabenmäßigen Eingebung durch den Heiligen Geist konnte er nicht zustimmen. Er rechnete mit menschlichen Irrtümern. Zweifel befielen ihn auch an den allzu strengen Glaubensgrundsätzen seiner Kirche. Seiner rechtschaffenen und in keiner Weise zu Kompromissen geneigten Natur widerstrebte es deshalb, anderen zu predigen, wovon er nicht selber fest überzeugt war.

Nicht lange, nachdem der Student das Seminar in Princeton bezogen hatte, ergab sich mit einem der Professoren eine herzliche Verbindung zwischen Lehrer und Schüler. Gregory nahm dem Gelehrten Charles Hodge viel Kleinarbeit ab, denn dieser stand vor der Vollendung seiner Lebensarbeit. Beim Abschluß eines dreibändigen Werks über die Glaubenslehre seiner Kirche bedurfte er eines Gehilfen, der mit großer Gewissenhaftigkeit die wörtlichen Textanführungen und Anmerkungen in seinem Werk nachprüfte. Das war eine nur scheinbar mechanische Aufgabe; dem jungen Mitarbeiter ging dabei auf, was wissenschaftliche Leistung überhaupt bedeutet, welche Aufmerksamkeit, welche Genauigkeit sie erfordert. Solche Erkenntnis wurde das Fundament eigenen Schaffens, dafür war er prädestiniert. Welche Freude auch für den Reiselustigen, daß ihm ein Auftrag zugefallen war, der ihn veranlassen mußte, im Land umher von Bibliothek zu Bibliothek zu reisen. Er war überall dahin unterwegs, wo er Vergleichsarbeiten vorzunehmen hatte, bis dann im Jahr 1872 das Manuskript abgeschlossen werden konnte und das Buch Professor Hodges unter dem Titel „Systematische Theologie" im Druck erschien.

Gregorys bescheidene Mitwirkung war wie eine Vorbereitung gewesen. Eine entscheidende Lebenswende trat ein, als ihn ein glücklicher Zufall mit einem anderen amerikanischen Gelehrten auf einer Reise zusammengeführt hatte. Ezra Abbot gab ihm die Anregung, für die er sofort offen war. Er war es, der ihn hinwies auf das, was bereits als Gregorys Ziel gekennzeichnet ist: die Notwendigkeit, die Texte der vielen vorhandenen Handschriften vom Neuen Testament zu einem Teil miteinander zu vergleichen, um so zum ursprünglichen Text vorzudringen. Diese Arbeit wurde ihm zur Gewissenssache. Ein besonderes Gebiet der Theologie erschloß sich ihm damit nicht nur als Beruf, er empfand diesen Weg als eine Berufung. Er legte die Hand an den Pflug und schaute nicht mehr zurück nach anderen Möglichkeiten. Der alte Gelehrte lenkte ihn auch auf die Spur, die ihn praktisch zum Ziel führen konnte. In Deutschland waren bereits Wissenschaftler am Werk, wie auch Gregory es sich vorstellte.

Als er im Jahr 1873 nach Europa reiste, war das für seine Mutter eine Enttäuschung in den Hoffnungen, die sie auf das Wirken dieses Sohnes in seiner Geburtsheimat gehegt hatte. Die Zukunft aber erwies, daß es verschiedene Weisen gibt, im Weinberg des Herrn zu arbeiten. Caspar René hatte Abschied genommen und war nach Leipzig gegangen. Das war der Entschluß, der ihm von da an Deutschland zur Wahlheimat machte. Obwohl er einen abgeschlossenen akademischen Bildungsweg aufzuweisen hatte, war es für ihn zunächst wichtig, sich offiziell als ein Angehöriger einer deutschen Universität zu bezeugen. Er arbeitete deshalb an seiner Dissertation, die er dann im Mai 1876 bei der Philosophischen Fakultät in Leipzig einreichte. Sein Thema war eine Untersuchung über das Leben des Bischofs Henry Grégoire, eines französischen katholischen Priesters aus dem 18. Jahrhundert. Gregory hat wohl die ihm wesensverwandte Gesinnung dieses Mannes angezogen. Der Bischof stimmte zwar in jenen Zeiten des revolutionären Umbruchs in Frankreich der Abschaffung des Königtums bei und gab der Mitbestimmung des Volkes an der Leitung des Staates sein Wort. Andererseits war er aber der Revolutionär, der nicht nur den Ausmaßen der Bewegung mit Blutvergießen und Hinrichtungen widersprach, sondern der in der Zeit der Ablehnung der Religion in einer berühmt gewordenen Rede ein eindrückliches und entschiedenes Bekenntnis für das Christentum ablegte. Gregory betitelt seine Abhandlung: „Grégoire. The priest and the revolutionist." Geschrieben ist sie in englischer Sprache. Ebenso bezeichnend wie diese Themenwahl für seine politische und religiöse Einstellung ist, so auch für seine Wesensart der Umstand, daß er diese Arbeit seinen Eltern widmete: „To my father and mother."

Wer war Grégoire für Gregory? „Einer der berühmtesten Gelehrten zu seiner Zeit. Gefeiert oder gehaßt von Edinburgh bis Rom und von Deutschland bis Amerika, Priester, Staatsmann, Philanthrop, Erzieher. Er war der Bischof, der seine christliche Gesinnung und seinen Auftrag nie vergaß und immer ein Verteidiger des Glaubens war in den ständigen Angriffen seiner Feinde."

Als er diese Arbeit abgeschlossen hatte, war Gregory bereits mitten in der wissenschaftlichen Betätigung, um derentwillen er nach Leipzig gekommen war. Freilich arbeitete er zunächst unter recht kärglichen äußeren Verhältnissen. Als Ausländer konnte er nicht sofort mit einer Anstellung rechnen. Er bezog ein kleines Zimmer in der Liebigstraße und lebte recht und schlecht von dem geringen Verdienst für Übersetzungen wissenschaftlicher Veröffentlichungen und von der nicht sehr umfangreichen Mitarbeit an theologischen Zeitschriften.

Sehr bald aber kam sein zukünftiges Lebenswerk auf ihn zu. Es war ihm ein besonderes Anliegen gewesen, die Verbindung mit dem Leipziger Professor Konstantin von Tischendorf aufzunehmen, um durch ihn Einblicke in das Wissenschaftsgebiet zu erlangen, um das dieser Gelehrte sich hochverdient gemacht hatte: die Handschriftenkunde des neutestamentlichen Textes. Darin galt dieser Entdecker der damals ältesten bekannt gewordenen Bibelhandschrift als eine Autorität. Tischendorf hatte im Jahr 1859 in dem St.-Katharinenkloster auf dem Sinai den sogenannten „Codex sinaiticus" aus dem 4. Jahrhundert entdeckt – dreihundertsechsundvierzig alte Pergamentblätter –, nachdem er schon fünfzehn Jahre früher dreiundvierzig einzelne Blätter dort gefunden hatte. Die Sinaihandschrift ist das Zeugnis urchristlicher Überlieferung, das den gesamten Text des Neuen Testamentes und ein Drittel des Alten Testamentes in griechischer Sprache enthält; dazu kommen noch zwei Schriften, die nicht in das Neue Testament aufgenommen sind, der Brief des Barnabas und Teilstücke aus einem dem 2. Jahrhundert angehörenden Werk: „Der Hirte des Hermas". Neben anderen Handschriften, die nach und nach aufgefunden wurden, blieb die Sinaibibel Grundlage für die kritische Überprüfung des neutestamentlichen Textes.

An eine solche Notwendigkeit hatte in den frühen Zeiten des Christentums noch niemand gedacht, erst im 17. Jahrhundert wurde festgestellt, wie viele Verschiedenheiten die einzelnen Abschriften aufwiesen. Zu Gregorys Zeit existierten etwa viertausend Handschriften vom geschlossenen Neuen Testament oder von Teilstücken, und kaum eine glich der anderen ganz genau. Man schätzte 150000 Varianten. Es handelte sich aber keineswegs um grundsätzliche Verschiedenheiten im Sinn, sondern nur um Kleinigkeiten, zumeist um unterschiedliche Formulierungen. Nur ein geringer Prozentsatz von Textstellen blieb im Wortlaut ungewiß. Der Bibelleser brauchte schon damals nicht zu befürchten, daß grundlegende Unsicherheiten sein Neues Testament weniger glaubwürdig machten. Und seither haben sich Theologen dieses besonderen Gebietes der biblischen Wissenschaft weiter angenommen und haben Licht in noch Unerforschtes gebracht. Gregory ist einer der ersten gewesen. Die Verdienste in der Vergangenheit werden immer die Quelle für den Fortschritt in der Gegenwart sein auf allen Gebieten menschlichen Forschens.

Wer sich der Aufgabe der vergleichenden Bibelhandschriftenkunde zuwendet, begibt sich damit an eine für den Laien unvorstellbare Arbeit. Caspar René Gregory hatte sie auf seinen Schild geschrieben, als er nach Deutschland ging. Eine schwere Enttäuschung war es für ihn, daß er Konstantin von Tischendorf als schwerkranken Mann antraf, der bald darauf verstarb. Als ein Zeugnis für die Achtung, die sich der vierunddreißigjährige Amerikaner schon bald im Kreis der Theologen der Universität erworben hatte, muß gelten, daß ihm die Witwe Tischendorfs vertrauensvoll die unvollendete Lebensarbeit ihres Mannes zur Weiterführung übergab. Mit Zähigkeit und unvergleichlicher Intensität arbeitete Gregory achtzehn Jahre an der Herausgabe des Tischendorfschen Werkes, einer kritischen Ausgabe des griechischen Neuen Testaments in zwei Bänden. Seine Hauptaufgabe sah er darin, eine wissenschaftliche Einführung dazu zu schreiben, seine „Prolegomena". Sie umfassen einen Band von fast 1450 Seiten und wurden zur grundlegenden Arbeit über die vergleichende Handschriftenkunde. In lateinischer Sprache enthält Gregorys Werk eine Abhandlung über Konstantin von Tischendorfs Leben und Schaffen, die Beschreibung von einer großen Zahl neutestamentlicher Handschriften und eine Darstellung der Gesetze und Regeln, nach denen die Textkritik verfahren soll. Eine neue praktische Kennzeichnung der Handschriften, die Gregory vorgeschlagen hat, ist noch heute in Gebrauch. Er setzte seine geistigen und körperlichen Kräfte daran, alles selber zu ergründen und zu praktizieren, was in der Textprüfung weiterführen konnte. Keine abweichende Textstelle war ihm zu gering, ihrem Ursprung nachzugehen, um seine Schlüsse daraus zu ziehen. Zwei Handschriften gab er selber im Druck heraus, die eine, deren Entstehung er auf das 7. bis 9. Jahr-

Caspar René Gregory

hundert schätzte, mit finanzieller Unterstützung einer russischen Dame unter Mithilfe eines deutschen evangelischen Pfarrers. Zu solcher Arbeit gehörte peinliche Genauigkeit und Ausdauer.

Ihn trieb auch nicht der Ehrgeiz, durch neue Entdeckungen ein berühmter Mann zu werden, sondern allein der Wunsch, der Christenheit nach Möglichkeit den Text zu vermitteln, wie ihn die Apostel in den Evangelien und Briefen an die Gemeinden und Johannes in seiner Offenbarung niedergeschrieben hatten. Denn den vielen hundert Abschreibern, die danach zur Verbreitung beigetragen hatten, waren Schreibfehler unterlaufen. Auslassungen von Satzteilen, Hinzufügungen, unerklärliche Abkürzungen waren keineswegs Seltenheiten. Das alles wartete auf eine ernste kritische Prüfung.

In seinen Prolegomena gab Gregory seinem Dank Ausdruck, er gedachte seines ersten Förderers, als er das Titelblatt zu diesem Ergänzungsband der Tischendorfschen Ausgabe vom „Novum testamentum graece" gestaltete: „Prolegomena scripsit Gaspar Renatus Gregory adoptis curis Ezrae Abbot." Auch der Leipziger Universität erwies er eine versteckte Ehrung. Auf der Titelseite steht in kleinsten Buchstaben der schlichte Satz: „Peregrinus eram atque conlegistis me", das heißt: Ich war ein Fremdling und ihr habt mich aufgenommen.

Diesem Theologen war das Evangelium die Quelle für alle religiösen und sittlichen Bindungen des Menschen, deshalb blieb er zeitlebens am Werk und setzte sein ganzes Berufsleben daran, mit seinem Schaffen sowohl der Religionswissenschaft als auch dem schlichten Bibelleser zu dienen. Wenn er sich nun auch für die *Text*kritik zuständig fühlte, so doch keineswegs für *Bibel*kritik. Dogmatische und exegetische Streitigkeiten lagen ihm nicht, am wenigsten, wo es um apostolische Berichte ging. Er stand fest in der Erkenntnis, die er in Gottes Wort fand, und wollte mithelfen, daß einst dies Wort die ganze Welt durchlaufe und sie erfüllt würde von der Verheißung, daß Gottes Reich kommt. Mit unangefochtenem

Glauben war er sich der Heilswahrheiten in jedem Satz des Neuen Testaments gewiß. Obwohl er gut Freund war mit namhaften Theologen seiner Zeit, die wie Friedrich Naumann und Adolf von Harnack zu einer freieren Auslegung des Evangeliums geneigt waren, blieb Gregory bei seiner Überzeugung, daß der Wortlaut des Neuen Testaments historische Wahrheiten überliefert.

Wenn dieser bibelkundige Mann auch die äußere Anerkennung nicht suchte, sie wurde ihm doch zuteil. Schon zehn Jahre vor der Jahrhundertwende war er zum Professor der Leipziger Alma mater berufen worden. Im Laufe der Jahre wurde er fünffacher Ehrendoktor verschiedener Fakultäten, und Rufe an die Hochschulen von Cambridge, Chicago und Baltimore erreichten ihn. Diesen Angeboten folgte er nicht, denn er hatte erkannt, daß er auf deutschem Boden seinem Fachgebiet besser dienen konnte, so wie es seinen Plänen entsprach und ihm Resultate sicherte. Gemessen an den vielfältigen Lehrstoffen einer Universität war freilich sein Arbeitsfeld ein scheinbar nur kleines, und die Hörerschaft in den Vorlesungen über neutestamentliche Textkritik Professor Gregorys war eine nicht sehr zahlreiche. Aber die jungen Studenten bekamen so viele Lebensweisheiten zu hören, daß jede Stunde vor dem Katheder dieses Lebenskundigen einen Gewinn auch nach dieser Richtung bedeutete.

Noch etwas lockte die Hörer an: der „Weltenwanderer" Gregory ließ sie teilnehmen an seinen vielfältigen ernsten und heiteren Reiseerlebnissen in Orient und Okzident. So lebendig wußte er zu berichten von fremdem Land und fremden Menschen, so humorvoll von Zwischenfällen zu plaudern! Seine Vorlesungen waren eben keine trockenen Lernstunden, sondern vermittelten Lebenskunde, Wesensbildung und nicht zuletzt überzeugendes Christentum. Der Hörsaal war dicht besetzt, wenn der Professor in jeder Woche einmal des Morgens eine für die Studenten aller Fakultäten offene Vorlesung hielt und in freiem Bericht von seinen Reisen und Forschungsergebnissen sprach. Es mag wohl sein, daß er dabei manchen jungen Menschen auf das Buch hinwies, das für ihn „das einzige große Buch für den Christen" und „das Wichtigste für den Christen" bedeutete, die Bibel.

Freilich machte er es seinen Studenten nicht ganz einfach, es ging ihm eben nicht nur ums Hören, es ging ihm um straffe Mitarbeit bei der Entzifferung einer Handschrift. Die peinliche Genauigkeit, die er dabei von sich selber forderte, erwartete er auch von seinen jungen Freunden. Das wußten sie, und um so mehr schätzten sie ihn. Sie hatten allen Grund dazu. Nicht umsonst waren sie ihm mehr als nur Hörer, sie waren für ihn wie eigene Söhne. Hinter dem Pult stand nicht der Gelehrte, sondern ein Studentenvater, der jeden einzelnen von ihnen ins Auge und ins Herz faßte. Er nahm den einen oder den anderen beiseite auf den langen Gängen des Universitätsgebäudes, wenn sie kamen oder gingen. Und merkwürdigerweise paßte er immer den Augenblick ab, in dem einer in Sorgen steckte. Es war, als könne er in Herzen lesen. Da war ein Stiller und Blaßgesichtiger ihm aufgefallen. Seine Mutter war Witwe, und es wurde ihr deshalb schwer, das Studium des Sohnes durchzuhalten. Ohne daß Worte darüber fielen, fand der Junge auf seinem Platz im Hörsaal die Speisemarken für eine Woche Mittagsmahlzeiten in der Mensa. Ein anderer freilich, der durch allzu reichliche Zuschüsse aus Vaters Tasche in ein vergnügliches, liederliches Bummelleben geraten war und lieber die Kneipen als die Vorlesungen besuchte, konnte es erleben, daß eines Frühmorgens bei seiner Wirtin in der Küche der Herr Professor saß und bei einer Tasse Kaffee fröhlich plauderte, bis der noch Leichtbenebelte den Kopf in kaltes Wasser gesteckt und sich angekleidet hatte. Was die beiden dann auf dem lang ausgedehnten Morgenspaziergang miteinander geredet haben, bleibt verborgen. Obwohl Gregory bestimmt keine Moralpredigt hielt, steht die Tatsache fest, daß dieser Student von da an wieder die frühe

Morgenvorlesung pünktlich besuchte. Darüber war keiner vergnügter als sein Professor. Ihm war das Privatleben der jungen Menschen so wichtig wie ihre Ausbildung. Wie oft ist der sittliche und berufliche Aufstieg eines noch Unerfahrenen abhängig geworden von einer einzigen Lebensweisung oder von dem Beispiel eines gütigen Älteren. Wie oft könnte ein Abgleiten verhindert werden, wenn sich in einer Stunde der Unsicherheit ein offenes Herz und eine haltende Hand bieten würden.

Die Studenten achteten ihren Dozenten als *die* Autorität in seinem Fachgebiet. Die älteren Semester sagten es den Neulingen weiter, daß dieser Mann auf dem Katheder mit dem natürlichen Gebaren, der seine Materie so lebendig anschaulich in einer gemeinverständlichen Art vortrug, fünfzehn Sprachen sprach oder zum mindesten verstand. Seine Redeweise hatte einen leicht amerikanischen Anflug – zum Beispiel rollte er das R ausgiebig. Diese Äußerlichkeit machte nichts aus, wesentlich war, daß er scheinbar tote Dinge und trockene Wissenschaft in seinem Vortrag mit lebensvoller Gegenwart zu verbinden wußte. Bisweilen war ihm der Gottesdienst in der Universitätskirche oder der amerikanischen Kapelle zugeteilt. Im Ausländergottesdienst sprach er englisch. Auch in der Predigt traf er den schlichten Ton, der ihm die Herzen der Zuhörer öffnete. Auf seine Weise hat Gregory praktiziert, was Dietrich Bonhoeffer später einmal aussagte: „Die Gemeinde braucht nicht glänzende Persönlichkeiten, sondern treue Diener Jesu und der Brüder."

In den frühen Morgenstunden, wenn noch niemand als die Putzfrauen in den Räumen der Universitätsbibliothek werkten, saß der „freundliche Professor" bereits dort über den Handschriften und Büchern – vielleicht eine ganze Woche lang jeden Morgen über das gleiche unerklärliche Schriftzeichen grübelnd, es mit anderen in ähnlichen Wortformen vergleichend. Um sieben Uhr im Sommer, um acht Uhr im Winter – pünktlich, ohne akademisches Viertel – begann dann schon seine Vorlesung. War sie beendet, konnte man ihn bis zum Nachmittag wieder im Dozentenzimmer der Bibliothek finden. Hier arbeitete er, hier verzehrte er seine Schnitte Vollkornbrot mit Äpfeln oder getrockneten Früchten um die Mittagszeit. Von hier marschierte er gegen Abend dann den weiten Weg nach Hause zu Fuß. Dort angelangt, ließ er sich zunächst nicht verfolgen von irgendeiner rätselhaften Textstelle, jetzt gehörte er erst einmal der Familie und seiner Häuslichkeit.

Im Jahr 1886 kehrte er von einer Reise, die in Amerika ihren Abschluß gefunden hatte, nicht allein nach Leipzig zurück. Er brachte seine ihm drüben angetraute Ehegefährtin Lucy Watson Thayer aus New York mit. Ihr Vater, Professor der Religionswissenschaft an der Harvard University, war schon ein Förderer des jungen Caspar René gewesen, als dieser noch Student war. Dem Ehepaar Gregory wurden im Laufe der Jahre drei Töchter und ein Sohn geschenkt. Der Vater erzog sie auf seine wohlerwogene Weise zur Lebenstüchtigkeit in der Selbstzucht, die ihm selber den Weg gebahnt hatte. Liebe zur Arbeit, Gewissenhaftigkeit in der Erfüllung der Pflichten, Fröhlichkeit und Freundlichkeit im Umgang mit den Menschen gehörten zu seiner Erziehungskunst. Sie bestand in der leitenden Güte an Stelle von Strafe und Tadel. Mit stetiger Aufgeschlossenheit für die kleinen Freuden des Tages wie für die unscheinbaren Dinge in der nächsten Umgebung und mit Heiterkeit begegnete er nicht nur den eigenen Kindern, sondern auch ihren Freunden. Ohne besondere Hervorkehrung väterlicher Autorität wurde er zum Vorbild. Er war ein Freund der Kleinen, Kamerad der Heranwachsenden, deren kleinen oder größeren Sorgen er nicht eine flüchtige, sondern ungeteilte Aufmerksamkeit zuwendete. Eine Freundin seiner Töchter spricht noch heute davon, welche Hochachtung der Vater Professor den Jugendlichen einflößte. Sie bezeugt auch, daß sie von ihm gelernt hätten, was soziale Hilfsbereitschaft bedeutet. Er lehrte sie ohne Worte durch sein Handeln, einfach zu sehen, „wo es fehlte".

Es ist anzunehmen, daß der Vater auch seinen Kindern das nahebrachte, was er seinen Studenten eindrücklich als das Wesen der Nachfolge Christi ans Herz legte: „Suchen Sie sich, wenn Sie rechte Jünger sein wollen, Freunde unter den Armen und Traurigen, und lassen Sie sich nicht zurückschrecken, wenn Ihnen Verbitterung und Haß begegnen." Das war seine Seelsorge für die, die er auf dem Weg ins Leben wußte, und sein Erbarmen für die, die auf diesem Wege mehr oder weniger gescheitert waren.

Als sein eigener Sohn herangewachsen war, hielt der Vater es für wichtig, daß dieser nach dem Ablegen des Abiturs, ehe er mit dem Studium der Medizin begann, das Kunstschlosserhandwerk erlernte und es darin bis zum Meister brachte. Damit ist Gregory seiner Zeit vorausgeeilt; er hat den Wert der Jugenderziehung zu praktischer Arbeit erkannt. Es wäre vielleicht nicht einmal so bemerkenswert, wenn nicht ein noch tieferer Grund als die reale Seite ihn bewogen hätte: Es ging ihm um das Verständnis des geistigen Arbeiters für den Bruder an der Werkbank, um die gegenseitige Achtung vor den Leistungen in jedem Beruf.

Für ihn war der Schornsteinfeger, der in seinem Hause monatlich die Esse kehrte, ein guter Freund, mit dem er gern ein Gespräch führte.

Neben seiner Vorliebe für nutzbringende Arbeit war Professor Gregory auch ein Freund sportlicher Betätigung. Es war keine Marotte, sondern sinnvolle Überlegung, daß er zwischen der geistigen Arbeit gern einige Freiübungen machte. Heute ist Frühgymnastik nach Radiomusik durchaus diskutabel. Warum sollte ein Geistesarbeiter jener Zeit nicht seine Zehnpfundhanteln stemmen? Gregory hatte seine Freude an dieser Leistung. Den Takt schlug er sich selber, indem er in den verschiedensten Sprachen dazu zählte; damit spornte er auch die Kinder zur Nachahmung an. Lächerlich schien es jedenfalls nur für solche, die von Wahrung eines individuellen Lebensstils nichts hielten.

Als die Gregorys dann ein eigenes Haus besaßen, liebte es der Vater, im Garten gemeinsam mit den Kindern zu arbeiten. Er selber nahm Hammer und Nagel zur Hand und machte sich an mancherlei Reparaturen an Haushaltungsgegenständen, wahrscheinlich auch an diesem und jenem Kinderspielzeug. In seinem Besitz befand sich jegliches Werkzeug, das zur Herstellung kleiner Einrichtungsstücke notwendig ist, die der gelernte Tischler gern selbst anfertigte oder mit Schnitzereien versah. Im Keller war seine Hobelbank aufgestellt. So erlebten Sohn und Töchter von früh an mit, welche Vorteile nutzbringende Arbeit gewährleistet.

Dieses Eigenheim hatte er sich auf der Marienhöhe, dem höchsten Punkt von Leipzig, in der Nähe des im Bau befindlichen Völkerschlachtdenkmals nach eigenen Angaben errichten lassen. So, wie es ihm gefiel – vor allem nach der zweckmäßigen Seite hin –, stand es da in der Naunhofer Straße als Nummer 5. Viel Licht mußte in die Räume fallen, und aus der sogenannten „Fensterstube" im oberen Stockwerk konnte der Blick damals noch weit hinausschweifen über freies Gelände. Der kleine Garten erfreute sich der besonderen Gunst des Hausherrn. Er hatte ihn freilich erst urbar und die Erde willig machen müssen, schon im zweiten Jahr seine Rosenstöcke zu schönster Blüte gedeihen zu lassen: Rosen zum Verschenken an Kranke und Alte und Traurige. Das Geröll von großen und kleinen Steinen hatte er zunächst aufsammeln müssen. Als praktischer Mann füllte er damit die Löcher auf dem noch ungebauten Zufahrtsweg aus, um sich und vor allem anderen dadurch ein bequemeres und fußsicheres Laufen zu verschaffen.

Die gleiche Gewissensgebundenheit, die Gregory in seiner wissenschaftlichen Arbeit zur Verantwortung vor dem kleinsten Schriftzeichen lenkte, leitete ihn auch den Menschen gegenüber. Keiner, der ihm begegnete, war ihm gleichgültig.

Der Immerbeschäftigte wußte das Wort Zeit wohl abzuwägen gegen das Wort Nächstenliebe. Wo er einen Menschen fand, der ihn gerade im Augenblick brauchte, war er da für ihn. An gütiger Wesensart stand ihm seine Lebensgefährtin Lucy nicht nach. Ihre Menschenfreundlichkeit war von zurückhaltender, nicht so freimütig offenkundiger Art wie die seine. Frau Gregory stand mit Takt und Einsicht hinter ihrem „stadtbekannten" Mann stets zurück. Sie trug ihn und ertrug seine oft nicht leicht zu nehmende Eigenwilligkeit. Auch im Gewährenlassen kann sich Gesinnungsverwandtschaft beweisen. Es braucht nicht verschwiegen zu werden, daß sie ab und zu Kummer mit ihrem Caspar René hatte. Das tat jedoch dem gegenseitigen Verständnis und tat auch der zärtlichen Liebe und väterlichen Fürsorge, mit denen der Hausvater die Seinen umgab, keinen Abbruch. Es mag wohl sein, daß die Lebensgewohnheiten, an denen er festhielt, sich nicht immer ohne weiteres in den Tagesablauf der Familie einfügten. Er besaß jedoch die Kunst, die Harmonie dadurch nicht ernstlich zu stören. Seine Arbeit und seine Prinzipien im Einnehmen der Mahlzeiten leiteten seine Tageseinteilung. Frau Gregory ließ ihn gewähren und hatte das Geschick, das Hauswesen so zu lenken, daß jeder zu seinem Recht kam.

Die einfache Kleidung betonte die schlichte Vornehmheit ihrer Erscheinung. Frau Gregory war eine bescheidene Natur in äußeren Dingen. Daß sie allerdings an der Gewandung ihres Eheherrn nicht immer Gefallen fand, das verrät er selber ganz offenherzig, wenn er gesteht, „daß seine Kleider sowohl seine Frau als auch seinen Schneider entsetzten". Mode und Eleganz hatten bei ihm keine Nummer, sondern nur, was zweckdienlich war. Bei der Anschaffung leitete ihn das Prinzip der Zweckmäßigkeit, nicht das der Eleganz. Für Paletots nach Mode hatte er nichts übrig, ihm genügten die warme Joppe und die derben Fausthandschuhe dazu im kältesten Winter. Wenn man in jenen Tagen den alten Herrn mit dem grauen Haupthaar und Bart als das „Original ohne Hut" bezeichnete, so könnte man ihn heute mit Fug und Recht einen Bahnbrecher der hutlosen Mode nennen. Und so gehörte auch seine einfache Nickelbrille zu seinem Äußeren, man kannte ihn nicht anders.

Obwohl auch für Frau Lucy Hilfsbereitschaft und Wohltätigkeit ein selbstverständliches Gebot waren, mag es ihr doch vielleicht nicht immer recht gewesen sein, wenn ihr Mann bedenkenlos verschenkte, wo er an eine Notwendigkeit glaubte, schenkte, ohne zu prüfen, ob eine materielle Hilfe auch an den Rechten kam. Er überlegte dann auch nicht, wieweit er selber wirklich etwas übrig hatte oder nicht.

Aber hat nicht Martin Luther auf die behutsamen Vorhaltungen seiner Käthe ob der wachsenden Schulden geantwortet: „Liebe Käthe, Gott gibt, und wir sollen auch geben. Man muß geben, will man anders etwas nehmen?" Das war auch Gregorys Meinung. Niemals vielleicht ist ein schlichteres und zugleich bezeichnenderes Zeugnis für seine Geberfreudigkeit abgelegt worden als das aus dem Munde eines seiner Arbeiterfreunde: „Er gab nicht nur von seinem geistigen Reichtum allen, welche nehmen wollten, er gab auch im stillen, wo es niemand sah, Geld und andere Dinge denen, welche in Not waren." Dafür lieferte er nicht nur verschwiegene und ernsthafte Beweise, sondern man sagt ihm auch neckische Dinge nach.

So mußte seine Frau auch gute Miene dazu machen, daß ihr Ehemann eines Tages ohne seinen großen Regenschirm, den er zur Vorsicht gerne selbst bei gutem Wetter mitnahm, nach Hause kam. Beileibe nicht, weil er ihn irgendwo hatte stehenlassen – er war kein zerstreuter Professor –, sondern weil er ihn kurzerhand einer alten Dame, die bei dem plötzlich einsetzenden Platzregen verzweifelt um ihren Hut bangte, aufgespannt in die Hand gedrückt hatte und selber im strömenden Regenguß weitergeeilt war zur Universität. Er hatte ja Vorlesung. Wie er seinen Schirm je wieder zurückerhalten solle, daran hat er nicht gedacht. Er freute sich – hier im wahren Sinne des Wortes –, „aus der Patsche geholfen" zu haben. Der Regenschirm ist ein Einzelfall, ungezählt sind weitere Beweise seines Verständnisses besonders für die alltäglichen Sorgen anderer Menschen. Gerade damit übte Gregory ein Stück Christentum, wie es jedem Christen selbstverständlich sein sollte, der nach dem Wort lebt: den Nächsten lieben wie sich selbst. Diese bedingungslose Bereitschaft war es auch, die ihn einmal veranlaßte, einem Jungen, der auf der Straße in eine Glasscherbe getreten war, die Wunde sofort sachgemäß zu verbinden, während die Gaffer nur gestikulierend dabeistanden. Das Verbandzeug „für erste Hilfe" hatte er – für alle Fälle – immer bei sich in einer der vielen Taschen seines Rockes, die er bei jeder Anfertigung dieses Kleidungsstückes von vornherein vom Schneider forderte. Es fand sich da neben allerhand kleinem Handwerkszeug – ebenfalls „für erste Hilfe" gedacht – auch ein fester Strick, den der Herr Professor an der Handwagendeichsel befestigen konnte und sich um die Schulter legte, um den Jungen auch noch nach Hause zu karren.

Selbstverständliche Christenpflicht oder Wunderlichkeit eines Schwärmers? Menschenfreund oder Heiliger? Caspar René Gregory geriet durch sein spontanes Zupacken in den Alltagsdingen öfter in den Ruf eines etwas kuriosen Menschen. Er suchte nicht vorsätzlich nach der Gelegenheit zu guten Werken, aber er erfaßte die Möglichkeiten, sie zu üben mit offenen Augen und bereitem Herzen. Der war dabei sein „Nächster", der ihn gerade brauchte. Zartgefühl bewies er sogar im Annehmen. Ohne großes Sträuben steckte er einmal das gutgemeinte Trinkgeld von einer Krankenschwester, der er den Koffer ein Stück weit getragen hatte, ein, um sie nicht in Verlegenheit zu versetzen. Mehr Takt erfordert oftmals das Nehmenmüssen als das Gebenkönnen.

Da war aber doch eine Sache, in der konnte dieser menschenfreundlich Gesinnte Kummer bereiten. In welche Verlegenheit versetzte er die Hausfrau, in deren Familie er zum ersten

Male Tischgast war, als er die Bratenschüssel unberührt vorübergehen ließ! Er war nämlich Vegetarier mit Konsequenz. Seine Ablehnung hatte jedoch so etwas Liebenswürdiges, daß ihm niemand ernstlich böse sein konnte. Getröstet war die Gastgeberin, wenn der Herr Professor dann bei der Süßspeise mit sichtlichem Wohlgefallen reichlich zugriff und auch dem Kuchen ohne Hemmungen zusprach. Wenn Tischreden gehalten und Toaste bei einer Festlichkeit ausgebracht wurden, erhob er mit den anderen sein Glas, in das er sich heimlich hatte Wasser füllen lassen, und stimmte fröhlich in das Hoch ein. Wie er auch überhaupt – ohne Alkohol – der angeregteste Plauderer einer ganzen Gesellschaft sein konnte. Ablehnung von Alkohol und Nikotin war für ihn nicht allein sittliches Bedürfnis, sondern auch in der Erfahrung auf seinen Reisen gewonnene Weisheit. Das sind Ansichten, für die jeder selber verantwortlich ist. Das meinte auch Gregory, er versuchte nicht zu belehren, er brachte nur ab und zu seine Ratschläge an. Zum wunderlichen Außenseiter stempeln ihn seine Prinzipien, die heute als gesundheitlich wichtig wohl erkannt sind, gewiß nicht. Jedenfalls war seine äußerst einfache Lebensweise von großem Einfluß auf seine außerordentliche Frische und Zähigkeit. Er war Lebensreformer ohne Fanatismus, aber mit Überlegung.

Es kam seiner außergewöhnlichen Leistungsfähigkeit auf seinen Auslandsreisen bestimmt zugute, daß er auf Menüs im Hotel gerne verzichtete, dafür sich unterwegs lieber von den Naturerzeugnissen des Landstrichs ernährte, in dem er sich befand. In südlichen Gegenden zum Beispiel verspeiste er Datteln und Zitrusfrüchte mit großem Genuß oder kaufte sich vom Straßenhändler seine Melone. Ob es zu beurkunden oder legendär ist – glaubwürdig jedenfalls ist, daß der fünffache Ehrendoktor während seiner Teilnahme an Kongressen öfters auf einer Bank im Grünen zu finden war, wo er seine mitgebrachte Semmel verzehrte, weil er sich von den üppigen Mahlzeiten drücken wollte.

Tatsache ist, daß er offiziell und inoffiziell lieber in der vierten Wagenklasse – damals gab es deren vier – reiste als in der ersten. Es ging ihm nicht darum, sein Professorengehalt nicht zu strapazieren – es ging ihm um die Reisegesellschaft. Er unterhielt sich gern mit den Handwerkern, mit Kindern, mit dem jungen Volk und alten Originalen.

Seine Freude an menschlichen Kontakten führte ihn auch zuweilen in die Hinterhöfe der damals engen Leipziger Wohnviertel, wo er mit Droschkenkutschern, mit Hausierern und manchem Heimatlosen so gute Bekanntschaft hatte, daß sie in den Abendstunden schon auf ihn warteten.

Ein Urteil seines ersten Lehrers in Leipzig und späteren Freundes Adolf von Harnack, des bedeutenden Theologen vor und nach der Jahrhundertwende, ist charakteristisch für Gregory:

„Ich habe in meinem doch schon längeren Leben niemals einen Mann gesehen, bei dem es mir so deutlich war, daß er die Nachfolge Christi übte, und bei dem, ohne jeden Pietismus, ohne jedes Asketentum, ohne eine besondere Sprache, vielmehr in der natürlichsten, einfachsten und selbstverständlichsten Form, so daß ich eigentlich seit Jahren schon, sooft ich an ihn gedacht und mir sein Bild vorgestellt habe, immer ihn im Geiste als einen neuen Franziskus von Assisi gesehen habe, einen Franziskus von Assisi ins Evangelische übertragen. Denn neben seiner Bedürfnislosigkeit war die Selbstverständlichkeit, mit der er überall diente, wo er konnte, und zwar freudig diente, immer lachend, immer aufgeräumt, immer einen milden oder heiteren Sonnenstrahl verbreitend, ein Grundzug seines Wesens."

Seine Mitmenschlichkeit war es, die ihn, den Theologen, zu einem Menschen machte, der durch und durch sozial dachte. Er hatte auch in dieser Beziehung den Mut, sich von konventionellen Anschauungen frei zu machen. Er wurde zum Freund der Arbeiter – nicht in der Theorie, sondern mitten unter ihnen und von allen geachtet. Er sah die schweren Probleme sozialer Gleichstellung von seiner Sicht nicht sosehr in Gesetzen als von Mensch zu Mensch lösbar. Es war in den neunziger Jahren des vorigen Jahrhunderts, als die Bestrebungen aufkamen, die Lösung der sozialen Probleme vom Christentum her zu befruchten. Gregory war zur Mitarbeit bereit, und kurz vor der Jahrhundertwende gründete er in seinem Wohnviertel, dem Vorort Stötteritz, einen „Evangelischen Arbeiterverein". Ihm ging es dabei allerdings nicht sosehr um die Hebung des Lebensstandards seiner Arbeiterbrüder, ihm ging es vor allem darum, ihr Interesse für geistige Förderung zu wecken, sie für die Themen der Allgemeinbildung offen zu machen. Deshalb veranstaltete er Abende mit allgemeinverständlichen Themen. Die Organisation der Arbeiter unterstützte er als das zeitgemäße Mittel der Selbsthilfe in allen Lohnfragen, in denen der Arbeitsregelung, der Erlangung hygienischer Maßnahmen in Betrieben und ähnlichen Dingen. Den Bodenreformbestrebungen war er aufgeschlossen und befürwortete die Fortbildungsschule so nachdrücklich, wie er auch der Einheitsschule zustimmte. In diesem ganz uneigennützigen Einsatz blieb er dennoch sich selber treu und kümmerte sich bei seinen Meinungsäußerungen nicht um Beifall oder Ablehnung.

Friedrich Naumann hat sehr gut und in ähnlicher Weise wie Adolf von Harnack ausgedrückt, welche Stellung Caspar René Gregory in der sozialen Mitarbeit einnahm:

> „Gregory, der sich trotz seines schon gereiften Alters zu den jüngeren Christlich-Sozialen rechnete, teilte mit uns eine Auffassung, die man vielleicht als evangelisches Franziskanertum bezeichnen möchte: der Hauptteil des Evangeliums liegt in der vollen Eingabe des Menschen an das Reich Gottes, eine Auffassung, die für ihn in noch höherem Grade der Grundton seines Lebens geblieben ist als für viele von uns, die wir dann stärker in die Tech-

nik der sozialen Frage und der Politik hineingegangen sind. Sein evangelisches Franziskanertum war für ihn nicht eine Redeweise, sondern es war die unmittelbare Praxis seines eigenen Tuns und Daseins."

Er war auch in den nebensächlichen Dingen nicht nur der Theoretiker und Organisator, sondern er ging selber mit der Mitglieder-Sammelliste von Haus zu Haus.

Seine Grundansichten über soziales Handeln bekundet ein Brief vom Jahr 1916 an Pfarrer Dr. Johannes Herz:

Hochverehrter Herr Pfarrer! „29. 10. 16

Sie haben mir im Namen der Sächsischen Evangelisch-Sozialen Vereinigung den ersten Gruß für den kommenden Geburtstag dargebracht und mir damit eine große Freude gemacht. Ihre Abhandlung über ,Arbeiterschaft und Kirche nach dem Kriege' habe ich mit Interesse gelesen. Daß ich mit Ihren Ausführungen übereinstimme, brauche ich nicht erst zu sagen, und dankbar, wie ich für die Widmung als Zeichen der Liebe seitens der Vereinigung bin, so bin ich auch dafür dankbar, daß durch die Widmung meine Billigung dieser wichtigen Gedanken kundgegeben wird. Alle Welt sehnt sich nach dem kommenden Frieden, und jeder einzelne auch von uns hat seine besonderen Gründe in Haus und im Herzen und im Vaterland, um den Frieden herbeizuwünschen.

Aber als Vereinigung haben wir, neben diesen Gründen, den großen Wunsch, an die Arbeit zu gehen, um die auf den Krieg folgenden sozialen Aufgaben zu lösen. Es kommt mir so vor, als ob wir, wie wir Holz und Kohlen für den Winter voraus aufstapeln, auch hier Willenskraft und Klugheit und Kenntnisse sowohl von Menschen als auch von Zuständen fertig und selbstbewußt einsammeln müßten. Auch könnten wir Feldzugspläne und Zuweisungen von Aufgaben ins Auge fassen. Mancher angehender Kämpfer, oder wenn man lieber das Kriegerische verbannt, angehende Helfer kann sich auf seine zu leistende Arbeit vorbereiten. Bücher wird man gelegentlich zu Rate ziehen, doch wird wohl die Hauptsache persönliche Kenntnis von und Bekanntschaft mit Personen sein. Gerade die Not der Zeit wird es zukünftigen Helfern leichter machen, jetzt den Weg zu den Herzen in Arbeiterkreisen zu finden und den Anlauf zum späteren Auftreten zu nehmen. Aber Sie alle wissen das besser als ich. Ich freue mich über die Widmung des Heftes, und ich bitte Sie, der Vereinigung von mir dafür zu danken. Gott gebe uns allen Mut und Kraft, die Aufgaben der Friedenszeit zu packen und zu erledigen zum Heil des Vaterlandes...

Mit herzlichem Gruß
Ihr ergebener
Caspar René Gregory"

Was dieser Christ als Mensch und als Staatsbürger tat, hebt ihn wohl heraus aus der Masse der Gleichgültigen – aber es macht doch nicht seine wesentliche Bedeutung für die Nachwelt aus. Es ist zwar wiederum eine hohe Wertschätzung, wenn Adolf von Harnack, in einer Ansprache zum Gedenken an Caspar René Gregory, im April 1917 von ihm sagt:

„In ungezählten Gesprächen, die ich mit ihm gehabt habe, habe ich den Namen Christi oder Gottes aus seinem Munde sehr selten gehört. Dagegen habe ich den Namen ,der Nächste' und ,was kann man tun? was kann man hier tun? wie sollen wir es machen?' unzählig oft von ihm gehört. Alles strömte aus seiner Liebe, in welcher Gottes- und Nächstenliebe eine vollständige Einheit waren."

Aber damit steht er nicht allein, andere Christen, deren Name ungenannt geblieben ist, haben ähnlich gehandelt.

Ohne seine wissenschaftlichen Verdienste wäre wohl sein Name trotz allem vergessen. Dem neutestamentlichen Handschriftenforscher und zu seiner Zeit „besten Kenner" biblischer Handschriften gilt das Gedächtnis der Fachwissenschaft. Pfarrer Herz schließt beides zusammen in dem Urteil: „der

Leipziger Universitäts-Professor Gregory hat sich hervorragende Verdienste um die orientalische Altertumskunde und Handschriften-Forschung erworben und gleichzeitig durch seine vorbildliche soziale Gesinnung und Lebenshaltung eine tiefgehende Wirksamkeit ausgeübt."

Die Methode, ein solcher Fachmann zu werden, war keine einfache, sondern eine mühselige, den ganzen Menschen fordernde, deshalb muß noch einiges darüber gesagt werden. Es wäre ein Laienirrtum, zu vermuten, daß die zu vergleichenden Handschriften fein säuberlich auf des Professors Schreibtisch in der Universitätsbibliothek in Leipzig bereitgelegen hätten. Nein, den meisten mußte er nachgehen auf weiten und beschwerlichen und manchmal sogar gefährlichen Pfaden, wie schon aus seiner Wanderung auf Berg Athos hervorgegangen ist; und das war nicht die einzige.

Es war einmal einer hinabgegangen gen Jericho und war unter die Räuber gefallen. Die Geschichte ist fast zweitausend Jahre alt. Es wanderte einer im 20. Jahrhundert eine ähnliche einsame Straße in Palästina in der Gegend von Hebron, ganz allein. Der Abend brach herein, und beinahe wäre er auch unter die Räuber gefallen. Niemand kam ihm zu Hilfe, aber seine gewisse Zuversicht in den „Schutz des Allerhöchsten", die ihn in keiner Lebenslage verließ, rettete ihn. Er konnte an jenem Tag die nächste Ansiedlung nicht mehr erreichen, außerdem quälte ihn der Durst nach dem stundenlangen Marsch in der Sonnenglut. Unbefangen betrat er deshalb eine Araberkate, deren es hin und wieder am Wege gab. Die allzu betonte Aufforderung der Bewohner zum Nähertreten und Verweilen wurde ihm verdächtig, und er zog es vor, schleunigst an dem „Hüter der Tür" vorbei behende ins Freie zu entschlüpfen. Er war noch nicht weit vorangeschritten, als ihm zwei der „Gastfreunde" zu Pferde folgten, seine Taschen nach Wertsachen durchwühlten, zwar nur wenig Geld, aber seine Taschenuhr fanden und nebst seinen beiden Schlafdecken an sich nahmen. Ruhig war Professor Gregory – das war der Wanderer – stehengeblieben und zeigte auch keine Furcht, als der eine der Verfolger sein Messer zog und in der Meinung, dadurch noch mehr Geld herauszulocken, auf den Unbewaffneten losging. Der andere Bandit mußte aber wohl etwas gespürt haben von der Überlegenheit und Ruhe dieses Landfremden. Keiner der beiden Araber machte seine Drohungen wahr. Unbehelligt zog der Deutsche seines Weges weiter, freilich erleichtert um einiges Besitztum. Welches Erstaunen und welche Freude für ihn, als nach wenigen Minuten die Gauner ihm nachkamen und ihm sein Eigentum zurückgaben. Er machte es also doch richtig, wenn er an das Gute in den Menschen mehr glaubte als an Bosheit.

Er wurde nicht nur bestohlen von Arabern, er bekam auch – ein andermal – etwas geschenkt: eine Wassermelone, die, schon monatelang im Sand aufgehoben, ein besonderes Wertstück für ihren Besitzer darstellte. Durch solches Beispiel angesteckt, schickte ein anderer sein Söhnchen, „einen allerliebsten kleinen Araber, mit einem Tuch um den Hals gebunden, worauf auf seinem Rücken eine große Melone lag". Er brachte diese ebenfalls zum Präsent.

Solche kleinen Begebnisse flocht Gregory gern in seine Berichte von seinen wissenschaftlichen Forschungsfahrten ein. Er gab solche auch schriftlich, wo es ihm in seinem Trachten, anderen Menschen eine Freude zu bereiten, angebracht schien. So schrieb er eine Zeitlang der Frau eines Kollegen, die bettlägerig war, täglich ein Stück Reisebeschreibung. Sie handelte von seiner Wanderung von el Kantara nach Jerusalem in den Osterferien 1906, die er in neun bis zehn Tagen bewältigte. Damals war er sechzig Jahre alt. Er durchschritt das Land zu Fuß ein Stück am Suezkanal entlang von Port Said durch die Wüste von Tines bis zur ägyptischen Grenze hinter el Arîsch, wo er sich bald im Heiligen Land befand; von da ging es weiter nach Gaza. In den Fußstapfen der Apostel zog nun der „moderne Jünger" aus europäischem Land seine Straße. Ohne mit Abenteuern zu renommieren, erzählte er vom nächtlichen

Camping mitten in der sinaitischen Wüste, wie ein anderer etwa vom idyllischen Lagerfeuer am Waldrand in der Leipziger Ebene berichtet. Aber so idyllisch war die Sache nun doch nicht. Was man alles für einen solchen Fall und überhaupt für eine Fußwanderung und für das Übernachten im Freien im Orient braucht, das hat dieser Wüstenwanderer einmal im Anschluß an eine Vorlesung als gute Ratschläge zum besten gegeben. Einer seiner Mitprofessoren in Leipzig hat es weitergesagt: „Für kalte Nächte auch im Sommer ist ein mittelstarker Überzieher gut. Ferner muß man eine Reisedecke haben, die so lang ist, daß sie den ganzen Leib zudeckt und unter den Füßen umgelegt werden kann, ebenfalls zwei Stück schwarzen Gummituches in der Breite von wenigstens 1 m, von denen das eine 2 m, das andere 1,50 m lang ist, um sich nachts darin einwickeln zu können. Ein fester Stock ist stets wertvoll. Kompaß, Trinkbecher, ein starkes, scharfes Messer, Schreibpapier, ein handliches Tagebuch, Füllfedern und Tinte, ein Stahlmetermaß in der Westentasche sind nicht gut zu entbehren. Man soll sein Gepäck auf eine gut verschließbare Reisetasche und einen großen Plaidriemen beschränken, höchstens noch einen Rucksack mitnehmen. Im Überzieher und Hosen so viele und so große Taschen wie möglich."

Trotz wohldurchdachter Vorbereitungen gehörte nicht nur eine Portion Mut und der Wille, jede Unbequemlichkeit in Kauf zu nehmen, zu solcher „Reise". Die Geschichte vom Erzvater Jakob, der von Beer-Seba aufbrach und nach Haran auswanderte, berichtet, daß er, als die Sonne untergegangen war, einen Ort erreichte, wo er übernachten wollte. Da nahm er einen Stein, legte ihn sich unter den Kopf und schlief ein. So machte es auch der, der im 20. Jahrhundert auszog, auch sein „Ruhekissen" war hin und wieder nur ein Stein. Daß er ebenfalls von einer Leiter geträumt hätte, die auf der Erde stand und deren Spitze den Himmel berührte – davon ist nichts bekannt geworden. Nur eines ist gewiß; Gregory fühlte sich

unter dem unendlichen und wunderbar leuchtenden Stern-
himmel, der sich über der Wüste wölbte, bewahrt durch die
Zusage: „Ich bin mit dir und will dich behüten." Er hatte
keine Angst vor wilden Tieren noch böse gesinnten Menschen, nicht einmal vor einer Erkältung in den Nächten, die
oft so kalt wie die Tage heiß waren. Als ihm allerdings eines
Nachts der Wind immer wieder die schützende Decke vom
Leib riß – er konnte sie befestigen, wie er wollte –, nennt er
dieses Erlebnis „eine Nacht im Kampf ums Dasein" und
meint dazu scherzhaft, daß „das Wachwerden keine besondere Kunst war". Mit großer Anschaulichkeit erzählt er von
der eigenartigen Vegetation in der Wüste, von den Bäumen
– ehemals haben sie einen ganzen Palmenwald gebildet –,
von denen nur noch einige „mit ein paar Wedeln aus dem
Sande herausragen", andere „bis fast unter die Krone vom
Sand eingesargt sind". Es macht ihn traurig: „Du möchtest
mitkämpfen, möchtest die schönen Bäume aus dieser erstik-
kenden Umschlingung befreien." Es gehörten auch viel Gelassenheit und spartanische Selbstbeherrschung dazu, wenn die
in der glühenden Sonne durstige Kehle verzichten mußte,
weil das Wasser eines kleinen Teiches zwar verlockend aus-
sah, sich aber herausstellte, daß es salzhaltig war. Die Quellen des nördlichen Teils der Sinaihalbinsel sind mehr oder
weniger salzig: „Ich habe genug und übergenug von dem
ersten kleinen Schluck gehabt, nur daß ich auch soviel nicht
heruntergeschluckt habe. Für die Füße war es nichtsdesto-
weniger vorzüglich." Daß er mit einer festen Gesundheit und
mit Energie reichlich versehen worden war von Gott, kam
ihm in allen Lagen zustatten. Er überließ freilich nicht alles
seiner guten Natur, sondern arbeitete selber an der Ertüchti-
gung seines Körpers mit. Er spricht einmal davon, daß er „der
Zuchtmeister seines eigenen Leibes" sei, bezeichnet ihn als
„das Roß", das er zugeritten habe nach seinem Belieben.
Es waren Märsche „zu Fuß in Bibellanden", die ihm große
Freude bereiteten. Aber Befriedigung seiner Reiselust war

nicht ihr Ziel, sondern es war seine Lebensarbeit, die ihn trieb von Land zu Land, von Kontinent zu Kontinent. Um der Textforschung willen zog er im Jahr 1883 von Bibliothek zu Bibliothek in England, Italien und Österreich; von Archiv zu Archiv war er unterwegs in Frankreich, der Schweiz, Italien und Griechenland, in der Türkei und zum ersten Mal auf dem Athos in den Jahren 1884 bis 1886.

Im Jahr 1886 entdeckte Professor Gregory auf dem Athos im Athanasiuskloster den „echten" Schluß des Markus-Evangeliums, der frühzeitig verlorengegangen war. Auch andere wichtige Funde verdankt die Forschung dem Gelehrten.

Nach Wien und Süddeutschland, nach den nordischen Staaten begab er sich in den Jahren 1887 bis 1891; zum zweiten Mal wanderte er auf Athos von Kloster zu Kloster und weiter im Orient und in Rußland in den Jahren 1902 bis 1904; auch England besuchte er nochmals. Die alten Stätten biblischer Tradition: die Insel Patmos, wo der dorthin verbannte Evangelist Johannes die Offenbarung Gottes erfuhr, und das Heilige Land mit Jerusalem suchte er in den Jahren 1905 und 1906 auf – um nur einige seiner Ziele zu nennen.

„Das wichtigste für den Christen ist, daß er wünschen muß, sein einziges großes Buch in den bestmöglichen Zustand gebracht zu sehen", das war sein Leitgedanke.

Kein Wunder, daß es ihn im Jahr 1906 – wiederum auf Schusters Rappen – nach dem fernen Sinaikloster trieb, dorthin, wo Konstantin von Tischendorf sechzig Jahre zuvor die Sinaibibel gefunden hatte. Was machte es aus, daß Gregory bei seiner Ankunft keinen ermutigenden Empfang erfuhr? Der Bruder Pförtner ließ ihn nicht ein, weil die Glocke schon zur abendlichen Komplet gerufen hatte. Kurzerhand übernachtete der späte Besucher im Klosterhof des St.-Katharinenklosters im Freien. Eine freundliche Aufnahme entschädigte ihn am nächsten Tag dann doch.

Seine abenteuerliche Wanderung dahin beschreibt er in einer Darstellung, die aus seinem Nachlaß, unter dem Titel „Zu

Fuß in Bibellanden" herausgegeben wurde, eine kleine Schrift, die seine Reiselust, seine Freude an fremdartiger Natur und den wesensfremden Menschen, am Abenteuer und auch seinen Humor widerspiegelt. Er erzählt: „Der kurze Weg zum Sinai" war keiner der zwei gewöhnlichen, die im „Baedeker" beschrieben waren. Ein Bergpfad war die nur den Beduinen des Klosters bekannte Verbindung, die vom Hafen eṭ tōr ausging. Aber gerade, daß er nicht im Reiseführer erwähnt war, „weckte die böse Lust, diesen kurzen Weg einzuschlagen" bei Gregory. Da half auch die Warnung des liebenswürdigen Erzbischofs vom Sinai nichts, der ihm erklärte, daß dieser Pfad „nur für Araber gangbar sei, die kein Fleisch, sondern nur Knochen hätten und die Strapazen des Marsches abhalten könnten". Nun, auch der Deutsche „hielt sie ab" und fand sich sogar überrascht von vielen Beduinenansiedlungen am Wege mit Lehmhütten oder Zelten, die er nicht erwartet hatte. Es war also kein ganz unwegsames Laufen. Er konnte seinen Durst an frischem Wasser stillen, das ihm Araber in Schalen reichten; ihren Kaffee, zu dem die Bohnen in einer alten Socke aufbewahrt waren, dann geröstet und mit Stöcken zerstampft und zu einem dicken Gebräu zubereitet wurden, hatte er freundlich ausgeschlagen. Eine kurze Nacht verbrachte er, am Boden auf seiner Decke ausgestreckt, im Beduinenzelt, angespannt den Gesprächen der Männer lauschend. Das war ihm ebenso wichtig wie die Erkundung dieses angeblich für einen Europäer ungangbaren Weges.

Leicht hat er sich das Reisen nicht gemacht – hat es aber dennoch nicht schwierig empfunden. Er hatte seine eigene Methode. Sich Gegenden vom Orientexpreß aus durchs Fenster zu betrachten, gehörte dazu nicht. Land und Leute – das war seine Meinung – lernt man nur dann wirklich kennen, wenn man damit in Fühlung kommt. In den Fußstapfen der Apostel kann man nicht sozusagen auf den Eisenbahnschienen wandeln, da muß man schon die Sandalen an die Füße schnallen. Ebenbilder der samaritischen Frau am Brunnen vor Sirach findet man nicht am Springbrunnen im Hotelgarten. Gregory wollte miterleben, nacherleben. Er glaubte, auch durch solche Erfahrungen dann Echtes vom Falschen in den Abschriften der Evangelisten besser unterscheiden zu können. Enttäuschungen und Fehlschläge auf seinen Entdeckerwegen blieben nicht aus und wechselten mit der Freude über jeden Fund, und wenn es auch manchmal nicht mehr als nur ein Blatt einer Handschrift war – vielleicht fanden sich dann andere dazugehörige Seiten im nächsten Kloster.

So wurde Professor Gregory zum hervorragenden Kenner der neutestamentlichen Handschriften. Er unterschied nicht nur die einzelnen Schriftarten nach dem Schriftduktus oder nach den besonderen Abkürzungen und Auslassungen; auch nach den angewandten Schmuckbuchstaben und Randleisten konnte er die Entstehungszeiten bestimmen. Er verstand, nach dem verwendeten Pergament oder der Papierart das Jahrhundert festzustellen, in das diese und jene Evangelienschrift gehörte, ganz abgesehen von seiner Kenntnis über Einbandarten. Das alles machte ihn zur anerkannten Autorität in seinem Fachgebiet.

Die Fremde wurde dem Handschriftenforscher zum Anschauungsbuch. Unterwegs prüfte und beobachtete er Leben und Menschen, daheim am Schreibtisch deutete er dann, was er erfahren hatte, und wertete es zu streng wissenschaftlichen Ergebnissen aus, auf denen die Textvergleichung noch heute fußt. Sein Ziel war es, eine kritische Ausgabe des griechischen Textes vom Neuen Testament herauszubringen. Er hat es nicht mehr erreicht, weil seinem Leben zuvor das Ziel gesetzt war. Nicht frei von Eigenwilligkeit ist die Tragik, die der Vollendung seines Werkes entgegenstand.

Als im Jahr 1914 der erste Weltkrieg ausbrach, meldeten sich viele junge Freiwillige zu den Waffen in der Meinung, eine vaterländische Pflicht zu erfüllen, junge Menschen, von Begeisterung ergriffen. Ein einzig dastehender Fall aber war der fast siebzig Jahre alte Professor Gregory, als auch er sich als Kriegsfreiwilliger zur Verfügung stellte. Was er bisher im Leben unternommen hatte, war auf der Basis des friedlichen Miteinanders von Menschen aufgebaut, sein Wesen strebte immer dem Versöhnlichen und Gütigen zu. Den Frieden zwischen den Völkern bejahte er schon vom christlichen Ethos her. Was ihn zu diesem verhängnisvollen Schritt veranlaßte, war seine unbedenkliche Bereitschaft zum persönlichen Engagement in jeder Lage. Er wollte da mit einstehen, wo andere ihr Leben in die Schanze schlagen mußten. Es lag ihm einfach nicht, sich im Opfern zurückzuhalten. Reine Menschlichkeit leitete ihn, in die Reihen der Brüder zu treten. Es ging ihm um die Solidarität mit seinen Arbeiterfreunden und Studenten. Wenn hier sein Idealismus den Blick für die Realitäten trübte, so muß sein Handeln doch zuerst von dieser Seite beurteilt werden. Aus Freundeskreisen verlautet, daß er als Vater sich gedrungen fühlte, an die Stelle seines Sohnes zu treten, der bei Kriegsausbruch im Ausland war.

Längere Zeit in der Garnison, sah es der alte Rekrut als seine Aufgabe an, sich jedem Dienst und jeder Arbeit – auch der unangenehmsten – zu unterziehen, und er beschämte durch seine selbstverständliche Willigkeit oft die Jungen. Auf dem Kriegsschauplatz vor Reims blieb er Kamerad seiner Kameraden und teilte mit ihnen alle Härten und Strapazen; oftmals übernahm er freiwillig besonders schwierige Aufträge. Im Wintersemester 1915/16 wurde er beurlaubt, um an der Alma mater in Leipzig die Stelle des verstorbenen Professors Heinrici einzunehmen und Vorlesungen zu halten. Er führte in den ersten Korintherbrief ein und leitete das neutestamentliche Seminar.

Zurückgekehrt nach Frankreich, wurde er mit Rücksicht auf sein hohes Alter als Gräberverwaltungsoffizier eines Gefallenenfriedhofs eingesetzt. Er schickte den Angehörigen von Gefallenen über das Pflichtmaß letzte Briefe und Erinnerungsstücke zu und fügte oft ein persönliches Schreiben bei. Er fotografierte für sie Grabstätten. Seine Sorge galt der würdigen Gestaltung des Soldatenfriedhofs. Wie stets leiteten ihn auch in dieser Situation Verstehen und Mitleiden:

Professor Gregory sitzt über ein Papierblatt gebeugt. Es ist das letzte Mal in seinem Leben, daß er eine „Handschrift" entziffert, keinen Evangelientext, sondern den Brief eines französischen Soldaten an seine Mutter. Das Grab des Gefallenen hatte verlegt werden müssen. Man fand im Waffenrock diesen Brief, den er vor zwei Jahren geschrieben hatte. Der Menschenfreund Gregory erwies dem Toten gewissermaßen einen letzten Gefallen und einer Mutter damit Liebe, daß er das Papierstück mit der verwischten Schrift entzifferte und den Brief so an die ihm bestimmte Adresse sandte.

Sein Quartier hatte Gregory zuletzt in einem kleinen Haus in Neufchâtel neben dem Dorfkirchlein. Als er sich bei einem Inspektionsritt durch Sturz vom Pferd das Knie stark verletzt hatte, mußte er zu Bett liegen. Dort traf ihn am 9. April 1917 ein Splitter des Granaten-Volltreffers, der das Haus zerstörte und ihn selbst schwer verwundete. Ohne Klage und wohl auch ohne Klarheit über seinen Zustand zu haben, ließ er sich ins Lazarett bringen, wo er kurz nach der Einlieferung, noch am Abend des zweiten Osterfeiertags, verstarb. Drei Tage später bettete man seinen Leib inmitten seiner Kameraden – so hatte er es gewollt – in Frankreichs Erde auf dem Lazarettfriedhof in Villers devant le Thour.

Die Werke des Geistes, die der Liebe und die der Menschlichkeit hatte er vollbracht. Worin Caspar René Gregory selber die Erfüllung seines Lebens gesucht hatte, das umfassen zwei Aussagen von ihm selbst, die zeugnishaft für diesen Christen ohne Falsch sind:

„Eine ehrfurchtsvolle Haltung ist bei jeder wissenschaftlichen Untersuchung über die Werke Gottes angezeigt und für den Gebildeten selbstverständlich, wären auch nur Felsen und Pflanzen in Frage. Wieviel mehr ist eine solche Haltung am

Platz, wo es sich um die Bestimmung des Menschen und um Gottes Gedanken über ihn handelt, wo wir es mit dem Geist und mit der Wahrheit zu tun haben."

„Die Wahrheit allein ist die Seelenheimat. Nur dahin zurückkehrend, findet die Seele Ruhe. Die Wahrheit ist eine."

Caroline Perthes

„. . . und mein Bauermädchen soll nach Fastnacht klein Knaben gebären. Da halt den Daumen, daß sie nicht sterbe . . .“ Solches kündigt der Wandsbecker Bote – Matthias Claudius – in seiner eigenständig unbefangenen Weise in einem Brief den Freunden Gottfried und Caroline Herder an. Rebecca aber, sein Bauermädchen, das ihm sonst in allen Dingen so gerne willfährt, vollbringt diesmal nicht nach seinem Wunsche, was er erwartet. Es geht nun einmal in diesen Dingen nicht nach des Menschen, sondern nach Gottes Willen: am 7. Februar des Jahres 1774 wird nicht der erwartete Sohn, sondern die erste Tochter im Hause Claudius in Wandsbek geboren. Caroline Herder hört es nicht ungern, denn nach ihr wird nun das Kindlein genannt, und sie ist Taufpatin. Claudius ist zwar zunächst nicht ganz mit der Tochter einverstanden, doch lange kann das bei ihm nicht währen. Er übersieht über der kleinen Enttäuschung nicht die Gnade, daß ihm seine Rebecca erhalten blieb, da sie wahrlich kaum dem Sterben entging. Und wie sich dann Wunder um Wunder an dem kleinen Menschenkind vor den Augen des Vaters entfaltet, kann er sich nicht satt sehen daran, sitzt an der Wiege und singt ihm sein Wiegenlied, das er schon gesungen hat, damals, als an Ehestand und Kindersegen noch nicht zu denken war:

> So schlafe nun, du Kleine!
> Was weinest du?
> Sanft ist im Mondenscheine
> und süß die Ruh!
>
> . . .

Kaum kann er die Zeit erwarten, zu der er mit Caroline umhertollen kann. Das hat er dann auch weidlich getan. Der

Dichter Sprickmann aus München hat ihn einmal dabei überrascht und hat es weitererzählt: „Oft habe ich ihn gefunden, daß er auf der Straße sich mit dem Mädel im Grase herumwälzte, indes le beau monde von Hamburg daneben spazierte und sich über ihn skandalierte." Das Rasenstück vorm Hause am Lübecker Steindamm ist noch oft der Platz für die Kinderspiele Carolines und auch ihrer Schwestern geworden.

In der Atmosphäre von Fröhlichkeit und Unbefangenheit, wie sie im Hause des Wandsbecker Boten Brauch ist, wächst Caroline auf, und bald gesellt sich ein Schwesterchen dazu und bleibt nicht das letzte. Die natürliche Bescheidenheit in ihrem Elternhause ist ein Stück unbeabsichtigte Erziehungskunst und der Reichtum der Innenwelt des Elternpaares eine Mitgift für das Leben des Kindes. Frömmigkeit wird nicht gelehrt, sie wird gelebt und ist nicht Feiertagsgewand allein, sondern auch das Alltagskleid, das man alle Tage wieder überstreift. Die bewußte Gotteskindschaft ihres Vaters und das unangefochtene Gottvertrauen ihrer Mutter prägen sich in die Herzen der Kinder. Caroline wird in ihrer Wesensart immer stärker beeinflußt von dem Geist der Gottesnähe, der das ganze Haus erfüllt. Die Fähigkeit, sich ganz in Gott zu versenken, ist ihr wie ein Erbe ihres Vaters ihr Leben lang zu eigen geblieben.

Heitere Geselligkeit ist an der Tagesordnung. Man empfängt Gäste und man geht aus, und davon bleiben auch die Kinder nicht ausgesperrt. Wenn Rebecca bangt, die einjährige Caroline allein daheim zu lassen, weiß Matthias guten Rat. Die gewohnten Kegelabende in Mutter Behns Gastwirtschaft werden trotzdem besucht. Er bindet sich seine Tochter im Kreuzgürtel auf den Rücken und nimmt sie so ganz einfach mit. Da Frau Behn die Großmutter ist, kann Caroline derweil in ihrem Bett schlafen, bis sie schlummernd wieder nach Hause getragen wird.

Das Jahr, das Caroline und das nach ihr geborene Schwesterchen Christiane in Darmstadt erleben – wo der Wandsbecker

Bote sein etwas unglückseliges Gastspiel als Oberlandeskommissarius gibt –, macht auf die Kinder keinen anderen Eindruck, als daß die Heimkehr in das alte Haus am Steindamm Anlaß zu großer Freude ist. Der niedergeschlagene Vater aber nimmt das für sich selber zum Trost und zur Rechtfertigung in Anspruch: „Caroline springt vom Morgen bis Abend im Garten auf und ab und ihr Herr Vater auch; sie hat Darmstadt schon fast vergessen und ihr Herr Vater auch."

Nun ist wieder das idyllische, liebliche Wandsbek die Umwelt, in der Caroline aufwächst, und bleibt es auch bis zu ihrer Verheiratung. Nicht die weite Welt, sondern die enge Heimat vermittelt ihr für zwei Jahrzehnte die bleibenden Eindrücke, nach denen sie sich noch oftmals zurückgesehnt hat, als längst die guten Anregungen und manche fördernden Impulse des Lebens draußen an sie herangetreten sind.

Selten freilich ist stille Abgeschiedenheit mit so viel Regsamkeit verbunden wie im Hause Claudius. Nicht allein der große Geschwisterkreis von fünf Schwestern und einem Bruder bis zu ihrem zwölften Lebensjahr und später noch drei Brüdern dazu, schaffte Lebendigkeit genug. Es geht auch ein gut Teil der intellektuellen Elite der Zeit da aus und ein. Man braucht sie nicht aufzusuchen, nicht einmal einzuladen, sie kommen von selber. Viele bedeutende Namen sind unter den Gästen, die fast täglich das Haus beleben. Sehr frühzeitig nehmen Caroline und ihre Schwestern Anteil an dem, was an Lebensweisheit und Herzenstakt von diesen hochbegabten Menschen ausgeht und unbewußt in den Kindersinn eingeht, der offen ist für dieses unbewußte Empfangen. Den geistigen Reichtum, der ihr Leben dann prägt, gewinnen sie im Elternhaus. Wie gut jedoch, daß die Freunde auch kindertümlich mit Kindern zu reden und zu handeln verstehen! Es muß wohl so gewesen sein, denn die Mutter schreibt einmal an ihre Freunde Voß, die dem Hause aufs engste verbunden waren: „Caroline bedauerte heute noch, daß Voß hier nicht mehr wohnte, da könnte sie doch manchmal hingehen und essen und trinken."

Als dann die Fünfjährige zum Lehrer in die Wandsbeker Schule geschickt wird, ist das ein freundlicher, aber harmloser Anfang ihres Bildungsweges. Was ihr außerdem zuteil wird an Kenntnissen, das lernt sie bei ihrem Vater. Als er eine Anzahl Pensionäre aufgenommen hat, zuerst die Söhne des Philosophen Friedrich Heinrich Jacobi aus Düsseldorf, später Jungen aus dem Ausland – Franzosen, Engländer, Spanier –, die neben anderem vor allem die deutsche Sprache beherrschen lernen sollen, dürfen die Claudius-Mädchen am Unterricht teilnehmen. Und so ist Caroline gut gerüstet im Englischen und Französischen, sogar nicht unwesentlich in Latein. Ihre eigenen Söhne können sich später einmal ihrer Hilfe bei den Schularbeiten erfreuen. Wie ihre Mutter Rebecca hineingewachsen ist in die bildende Welt eines Matthias Claudius, so gehen auch die Kinder unbewußt diesen Weg durch die väterliche Erziehung.

Vaters Religionsunterricht ist kein Lehren und fordert kein Lernen von biblischem Wissensstoff, sondern ist ein Hinführen zu den Wahrheiten des Evangeliums. Die Freiheit, die er selbst sich nimmt in seinem Umgang mit Gott, macht auch seinen Kindern Frömmigkeit zu einem selbstverständlichen Besitztum, das ihr Leben reich macht.

Musik gehört im Haus am Lübecker Steindamm zum Leben wie das Brot und das Gebet. Musik ist vielleicht eines der eindrücklichsten Bildungselemente für junge Herzen. Mit Musik ist Caroline groß geworden. Nicht in Konzertsälen erwirbt sie sich ein ausgezeichnetes Musikverständnis und ein sicheres Urteil, sondern beim Musizieren im häuslichen Kreis. Hausmusiken kennt sie von klein auf. Welches Gottesgeschenk das ist, davon weiß sie freilich als Einjährige noch nichts. Sie ist schon auf Mutters Schoß eingeschlafen, während Vater am Sonntagabend aus der Bibel vorgelesen hat und die Eltern dann die schönen alten Choräle anstimmen, wie sie im Freylinghäuser Gesangbuch stehen. Später klingt dann ihre warme wohllautende Stimme mit in der Hausmusik und ist ihr als eine besondere Gabe erhalten geblieben bis zuletzt. Musik ist immer Reichtum und vermittelt Harmonie auch für das äußere Wesen eines Menschen. Deshalb hielt es der Wandsbecker Bote mit dem Musizieren und Singen im Kreis der Freunde und seiner Kinder. Das sind die Eindrücke aus dem Elternhaus, die das spätere Leben zweifellos mitgestalten. Auch bei Caroline Perthes ist das sehr deutlich geworden.

Zu den Persönlichkeiten, die den stärksten Widerhall in dem jungen Mädchen Caroline auslösen, gehört die hochgebildete Fürstin Gallitzin, ein bei aller Weltgewandtheit schlichtfrommer Mensch. Sie ist eine von jenen Protestanten der Zeit, die sich für die katholische Konfession gewinnen ließen in der Meinung, darin den wahren Zugang zur Gotteskindschaft zu finden. Im Jahr 1791 ist sie zum ersten Male im Hause Claudius zu Besuch, und von da her rührt schon die Zuneigung, die die neunzehnjährige Caroline der dreiundvierzigjährigen Frau zuwendet. Ein reger Briefwechsel führt zu noch innigerer Verehrung dieser geist- und gemütvollen Frau: „Durch nichts in der Welt habe ich einen so großen und bleibenden Eindruck wie durch die Fürstin erhalten, und von dem Augenblicke, in welchem ich sie sah, ist sie mein Leiter zu Gott gewesen." Die Fürstin kommt der kindlichen Verehrung mit ihrer Mütterlichkeit entgegen. Sie nennt Caroline einmal „eine echte Claudianerin" und bekundet damit ihre Wertschätzung von Matthias und Rebecca Claudius.
Sehr zugetan ist dem jungen Mädchen auch Julie Reventlow. Nach ihrem Gut Emkendorf unternimmt Caroline im Sommer des Jahres 1795 ihren ersten Ausflug „in die Welt". Eine so freundliche Einladung, wie sie sie von der dreißig Jahre älteren mütterlichen Freundin empfängt, überwindet schließlich auch ihre Scheu, das Elternhaus auf mehrere Monate verlassen zu sollen. „Komm, liebe Caroline! und laß Dich zum ersten Mal wie mein Töchterchen an mein Herz drücken. Ich fühle tief das Opfer, welches Du mir bringst. Nur dieses Ge-

fühl trübt meine schöne Freude. Ich weiß gewiß, daß Dein Herz auch das Jawort ausgesprochen hat, ehe Papa mir schrieb, Caroline kömmt ... Gottlob, die Kluft, die von Deinen geliebten Eltern Dich trennen wird, ist nicht groß ..." Caroline schreibt dann auch ganz vergnügte Briefe über das, was sie in Emkendorf treibt an Alltäglichem und Vergnüglichem. Auch für ihre Bildung wird gesorgt. An Lavaters „Messias" kann sie zwar keine Freude finden, denn sie meint, daß die Geschichten aus der Bibel so verkleidet sind, daß man sie kaum wiedererkennt. Ihrer Gastgeberin liest sie mit Freuden oft zwei Stunden Französisch vor; der Hausherr treibt mit ihr Englisch, manchmal bis abends 9 Uhr. Nach etwa einem Jahr noch schreibt der junge Gast den Freunden nach Albano bei Rom, wie gern er in ihrem Hause geweilt hat. Schwer empfindet Caroline, daß Reventlows nach Italien gegangen sind. Wenn Papa Claudius nicht immer so sehr bedacht auf die ständige Gegenwart seiner Kinder gewesen wäre, hätten die Freunde Caroline nach Italien mitgenommen – vorausgesetzt, daß sie selber eine solche Trennung übers Herz gebracht hätte.

Wandsbeck, den 18ten May 1796
„An die Gräfin
    Julie Reventlow
jetzt in Rom.
Heute ist es ein Jahr, als ich zu Ihnen nach Emkendorf kam, liebe Gräfin! und dieser Tage bringt mir alles so lebendig ins Gedächtnis zurück; daß ich es nicht lassen kann, auch Sie daran zu erinnern: daß Sie nun schon ein Jahr meine liebe, herzlich liebe *Mama* gewesen sind, und Sie bitten muß: es doch fernerhin zu bleiben. Gewiß, liebe Mama, wäre ich nur bey Ihnen, Sie würden es wohl merken: daß es mir mit dieser Bitte ernst ist, aber die Buchstaben töten – und sind wenigstens in meiner Hand kahl und kalt, daß mir auch die Lust zum Schreiben vergehen will.
Sie haben so lange, lange kein Wort von sich hören lassen.

Ließen Sie endlich uns hören, wie es unser Herz erwartet, das im Wünschen und Hoffen für Sie und den Grafen nicht gerne umsonst so treu geblieben sein will.

Wir haben neulich gehört: daß Sie ein Haus in Albanien gemiehtet hätten, und vor der Hand dort bleiben würden. Seit dem liegt mir Albanien immer im Sinn. – Ich bin wohl oft in Gedanken bey Ihnen, liebe Gräfin! aber Gedanken sind Gedanken . . .

Leben Sie wohl, liebe Gräfin! und vergessen Sie mich nicht ganz und gar. Ich bin mit herzlicher kindlicher Liebe und Achtung Ihre

Caroline."

Ein erstes leidvolles Erleben im heiteren Gleichmaß ihrer Tage muß Caroline im Juli des gleichen Jahres der Vizemutter nach Rom berichten. Der Tod hat eine schmerzhaft fühlbare Lücke in den Familienkreis gerissen:

„An Julie Reventlow
    1796 Juli

Es geht mir wie einem kleinen Kinde, das, wenn es betrübt ist, die Arme ausstreckt nach denen, die es lieb hat und das Freude daran findet, in ihrem Schoß auszuweinen. Auch ich habe mich diese Zeit manchmal zu Ihnen gewünscht, liebe Mama! Und wenn meine Arme Sie nicht erreichen können, soll es doch wenigstens ein Brief tun.

Wir haben eine sehr betrübte Zeit gehabt. Unsere liebe Christiane wurde den 22ten Juni krank an einem bösartigen heftigen Nervenfieber und starb am 2ten dieses Monats. Liebe Gräfin wie unvermutet und geschwinde ist sie von uns genommen! ich kann es noch immer nicht glauben, und erschrecke öfters vor mir selbst.

Christiane hat 11 Tage viel gelitten an erschrecklichen Nervenzufällen und einem fast unaufhörlichen Fieber. Sie war die meiste Zeit außer sich und machte uns viel Angst durch die Heftigkeit ihrer Phantasien. Wenn sie aber etwas frei war,

war sie sehr ruhig und gefaßt. Sie sagte: es wäre ihr einerlei zu leben oder zu sterben, sie könnte darüber nichts wünschen. Den letzten Nachmittag kannte sie Mama einige Stunden nicht; gegen Abend aber fiel sie ihr um den Hals, küßte sie und freute sich, ihre Mama wiederzuhaben, legte sich darauf nieder und schlief ruhig bis gegen 12 Uhr, da sie überaus sanft und ohne den Mund zu verziehen, starb.

Sie hatte schwere Stunden gehabt, ehe sie soweit kam, und ich möchte sie, allein um dieser Arbeit willen, noch einmal zu sterben, wenn sie auch keinen weiteren Schaden dabei hätte, nicht zurück wünschen, so gerne ich sie wieder hätte.

Gott segne dem Lavater seine Kur und erhalte Ihnen den Herrn Grafen. Das wünsche ich und wir alle von Herzen.

Papa und besonders Mama, die Christiane weder Tag noch Nacht verließ, hat sehr viel gelitten und ist sehr abgemattet. Sie werden morgen nach Pyrmont abgehn. Gott begleite sie und gebe, daß wir sie recht gesund und gestärkt wiedersehn ...

Gott befohlen, liebe Gräfin! Meine Eltern und wir alle grüßen Sie tausendmal! Ich grüße noch einmal besonders und bin in treuer Liebe Ihre

Caroline."

Anteilnehmen und Anteilnehmenlassen, Mitleiden und Mitfreuen finden in den Briefen schon der jungen Caroline lebhaften Ausdruck und spiegeln auch im persönlichen Verkehr ihr inneres Wesen wider. Bei großer Zurückhaltung und bescheidenem Auftreten verleugnet sich ihre Herzensbildung nicht. Wilhelm von Humboldt, der nicht viel für den Wandsbecker Boten und seine Art übrig hatte, rühmt doch sehr den angenehmen Eindruck der Familie Claudius, „vorzüglich der Töchter".

Für Frau Rebecca gehört es zu ihren klaren und einfachen Einsichten, daß sie ihre Töchter auch zu guten Hausfrauen heranbilden muß. Sie weiß, was es heißt, einen großen Haushalt recht sparsam mit bescheidenen Mitteln zu führen. Nicht jede freilich hat einen Claudius zur Seite, der Feste zu gestalten weiß, die nichts kosten und fröhliche Herzen machen. Es bleibt aber der Alltag auch und die Frage nach dem täglichen Brot. Es bleibt am Sonnabend der Platz vor dem Haus sauber zu fegen und das Unkraut im Garten zu hacken. Frühzeitig zieht Rebecca die Töchter zu allen Hausarbeiten heran. Schon die Kleinen haben ihr kleines Amt, und wenn sie größer sind, erfahren sie, was dazu gehört, das häusliche Leben harmonisch zu meistern. Auch sie hat ihre eigene Methode dabei; ohne psychologische Erwägungen tut sie das Notwendige und Natürliche und erreicht das Beste. Jung gewohnt ist alt getan, die alte Volksweisheit hat sich noch immer als richtig erwiesen. Rebecca lehrt nicht, sie läßt die Kinder teilnehmen, hat sie um sich vom Morgen bis zum Abend. Die Kleinen tun spielend, was sie die Mutter schaffen sehen, die Großen arbeiten bewußt mit ihr zusammen, wobei ein jedes seine bestimmte Pflicht zu erfüllen hat. Mit Klugheit teilt Mama den großen Töchtern wochenweise die ganze Sorge für die Familie und ihr äußeres Befinden zu. Auf Papa ist dabei ganz besonders Rücksicht zu nehmen. Eine solche Verantwortung und Selbständigkeit fördert die Lust und Liebe zur Sache. Die Claudius-Töchter entwickeln sich jedenfalls dabei zu guten Hausfrauen.

Caroline ist als die Älteste frühzeitig eine gute Stütze für die Mutter. Da ihr zahlreiche Geschwister folgen, ist sie auch bald vertraut mit den Handgriffen, die zur Kinderpflege gehören. Sie wird es brauchen können. Mütterliche Gefühle zu wecken – das ist auf seine originelle Weise die Kunst ihres Vaters, der jedes neue Familienmitglied mit einer so großen Freude willkommen heißt, daß er ihr nur ganz jungenhaft Ausdruck zu geben vermag: die vorhandenen Sprößlinge auf den Fußboden gelegt und einen Freudensprung über sie hinweg getan und – Gott gedankt! Das bleibt besser in der Erinnerung der Kinder als viele Worte. Auch das prägt sich ein:

wie oft Mama an den Betten der kleinen Kranken gesessen
und unermüdlich Märchen erzählt hat.

Es ist eine heile Welt und eine bildende Welt, in der Caroline
aufwächst – wenn es auch keine großartige ist. Sie macht tüch-
tig fürs Leben, bereitet die Herzen, auch die kleinen Freuden
dankbar anzunehmen und rüstet Charaktere für schwere Zeiten.

Unter den engen Freunden des Hauses Claudius steht Friedrich Heinrich Jacobi obenan, der im Kriegsgeschehen seinen
Landsitz Pempelfort bei Düsseldorf verlassen mußte und nun
im Wandsbeker Schloß seinen Wohnsitz aufgeschlagen hat,
auch da finden sich viele seiner Freunde ein, die in deutschen
Landen zur geistigen Schicht gehören. Wer bei Jacobi einkehren mag, findet eine offene Tür. Der Pempelforter ist nicht
nur reich an Gütern, er ist auch freigebig und hilfsbereit. Er
gehört zu den Männern, die im Evangelium, „wie die Väter
es gelehrt haben", ein geistiges Rüstzeug gefunden haben.
Eines Tages – den Tag hat Caroline nie vergessen, es ist der
27. November 1796 – bringt Freund Jacobi einen jungen
Mann ins Haus, einen Buchhändler aus Hamburg, an dessen
neueröffnetem Buchladen er viel Gefallen findet. Denn diese
Buchhandlung ist keine schlechthin wie andere – sondern bietet eine für jene Zeit beachtbare Auswahl neuer und älterer
Bücher, die mit großer Sachkenntnis und organisatorischem
Geschick zusammengestellt ist.

Wohlgeordnet in Regalen, nach Wissenschaften getrennt, findet der Käufer parat, was der Buchmarkt bietet, in guter
Übersichtlichkeit aufgestellt. Die vorhandene Menge verblüfft
und läßt nicht ahnen, daß hier drei junge unvermögende Männer die Kühnheit besessen haben, ein solches Geschäft aufzubauen. Der Hauptinitiator ist Friedrich Perthes gewesen, der
sich eine Neuordnung im Buchhandel mit geschwindem Ergreifen ihres Vorteils zunutze gemacht hat: das Recht, unver-
kaufte Bücher nach angemessener Zeit zurückzugeben. Es geht

ihm dabei keineswegs um sichere Verdienstmöglichkeiten allein. Er hofft vielmehr, durch eine reiche, sachkundig getroffene Auswahl an Schriften zu seinem Teil mitzuhelfen an der geistigen Bildung des Volkes und der Förderung der Wissenschaft. Solche Ideale bewegen ihn nicht in theoretischer Schwärmerei, sondern werden aus der Schule der Erfahrung gewonnen. Friedrich Perthes' ernste Lebenseinstellung und Berufsauffassung sind wohl neben der natürlichen Veranlagung eine Folge seines nicht gerade von vornherein leichten und von vornherein geebneten Weges in der Jugend. Das gibt Veranlassung, den Werdegang des Mannes, der einmal an Caroline Claudius' Seite stehen wird, zu verfolgen.

Am 24. April 1772 war Friedrich Perthes in Rudolstadt geboren und schon frühzeitig vaterlos geworden. Die Mutter mußte sich recht und schlecht durchschlagen mit einer jährlichen Pension von 21 Gulden zum Unterhalt für sich und ihren Jungen. Ihr Bruder hatte bald erkannt, daß dieser ein aufgewecktes Bürschchen war, wenn auch nach außen schüchtern und zaghaft. Er sorgte für seine schulische Bildung, sogar das Gymnasium konnte Friedrich besuchen, als er zwölf Jahre alt geworden war. Mit vierzehn Jahren mußte er sich freilich schon für einen Beruf entscheiden. Aber welches Urteil kann sich schon ein Vierzehnjähriger über seine Zukunft bilden! Das Geschick war ihm günstig. Gott führte ihn von vornherein auf die Spur, auf der der Junge seine Gaben entwickeln konnte, so wie es seinem späteren geistigen Streben nicht besser hätte entsprechen können. Der jüngste Bruder seines verstorbenen Vaters, Justus Perthes, besaß in Gotha eine Buchhandlung und legte dem Schulentlassenen nahe, als Buchhandelslehrling seinen Weg anzufangen. Sein Werdegang begann in der alten Buchstadt Leipzig. Der Leipziger Buchhändler Adam Friedrich Böhme brauchte nicht zu bereuen, daß er es mit dem körperlich schwächlichen, etwas ungewandten Jungen gewagt hatte, den andere nicht angenommen hatten.

Eine strenge Lehre und ein hartes Anpacken gefällt freilich einem Jugendlichen nicht, wenn er zum ersten Mal auf sich selber gestellt ist. Der Lehrherr verlangt sehr viel von ihm, aber er fordert es auch von sich selber. Der Eifer des Lehrlings, seine Aufgeschlossenheit für alles, was es zu lernen gibt, lösen bald auch sein etwas verschlossenes Wesen zu einer natürlichen Freundlichkeit, so daß er bald gern gesehen im Kundenkreis und eine tüchtige Hilfe im Geschäft ist. Nach Beendigung der sechs Jahre Lernzeit ist sich der Zwanzigjährige seiner selbst bewußt: „Es macht mir Freude, mir zu sagen: du hattest keinen Vater, kein Vermögen und bist dennoch niemandem zur Last gefallen und wirst in wenigen Wochen von niemandem abhängen als von dir." An diese Unabhängigkeit stellt er allezeit hohe Ansprüche.

Seine nun folgende Tätigkeit als Gehilfe in der Hoffmannschen Buchhandlung in Hamburg bringt ihm als einen wesentlichen Vorteil: die Verbindung mit den geistig interessierten Kreisen der Hansestadt. An ihm selber liegt es jetzt, das hat er erkannt, sein Blickfeld zu weiten, an allgemeinem Wissen nachzuholen, was er früher nicht lernen konnte.

Mit jugendlichem Elan und Selbstvertrauen gerüstet, hält er es nach drei Jahren an der Zeit, seine eigene Buchhandlung „Hinter dem Breiten Giebel" aufzumachen. „Jetzt bin ich keck und kühn und kann, da ich erst vierundzwanzig Jahre alt bin, noch zehn Jahre arbeiten, ohne an das Heiraten zu denken. Ja, mein lieber Oheim, ich bin entschlossen, mein eigenes Geschäft zu gründen" – beteuert er seinem Gothaer Onkel.

Zu den Häusern, in denen man bald den jungen Perthes nicht ungern kommen sieht, gehört auch das des Wandsbecker Boten. Friedrich aber wagt nicht sogleich einen engeren Anschluß. Wohl schätzt er Matthias Claudius hoch, spürt aber, daß seine eigene Wesensart der des Boten in mancher Beziehung fremd ist. „Claudius war längst von mir verehrt, aber es ist schwer, ihm beizukommen; mich beugt vor ihm der tiefe

Sinn seiner Schriften, in denen jede Zeile ein Zeugnis davon ablegt, daß der Funke, der unsere göttliche Abkunft bekundet, in ihm wach ist wie in keinem anderen."

Das unbefangene Vertrauen in seine Gotteskindschaft läßt den Glauben des Wandsbecker Boten nicht unsicher werden, auch wenn ihn Anfechtungen umtreiben wollen, die ihm aus dem neuen Aufklärungsgeist seiner Zeit erwachsen. Der junge Perthes dagegen ist befangen in einer grüblerischen Selbstbeobachtung, die ihn nicht zu rechter Glaubensfreudigkeit gelangen läßt. Wie er sich in seinem äußeren Handeln kritisch überprüft, so auch in seinen religiösen Gefühlen, und da spürt er, daß ihm etwas fehlt, was Claudius besitzt, das Wissen um die unmittelbare Gottesnähe. Der unbeabsichtigte religiöse Einfluß, den der Wandsbecker Bote später auf ihn ausübt, hilft Perthes dann, in der inneren Freiheit ein gutes Stück weiterzukommen.

„Noch zehn Jahre arbeiten, ohne an das Heiraten zu denken!" Das ist seine feste Absicht. Das hat er anscheinend vergessen, als ihm bei seinem ersten Besuch vier junge Mädchen entgegentreten – von fünfzehn bis zweiundzwanzig Jahren – und die Älteste von ihnen – Caroline – unversehens und unverzüglich sein Herz in Bewegung bringt. Mit Selbstverständlichkeit ist er hineingenommen in die heitere Geselligkeit der Familie. Den unabweisbaren Eindruck aber macht nur Caroline auf ihn. Sie ist keine ungewöhnlich „Schöne", sie legt auch kein glänzend charmantes Wesen an den Tag. Ihre feine Zurückhaltung bei aller Freundlichkeit und Aufgeschlossenheit jedoch trifft verwandte Seiten in dem jungen Mann, der sich taktvoll unaufdringlich im Familienkreis bewegt und nur verstohlene Blicke auf das hochgewachsene Mädchen mit den ebenmäßigen Gesichtszügen und dem Ausdruck von warmer Menschlichkeit darin wirft. In den Tagen danach bedrängt ihn dieses Bild förmlich, wenn er hinter seiner Ladentafel steht. Diese reinen Augen scheinen ihn anzusehen, und, wie er glaubt, deutet dieser Blick: Caroline ist ihm freundlich zugetan. Er hat die Meinung gewonnen, daß dieser Mund nicht zuviel spricht, weil ihm nur das Gute zum Reden wert zu sein scheint. Noch wagt er keine Schlüsse für sich zu ziehen. Das Verhalten dieses Mädchens gebietet Zurückhaltung, es verrät nicht Stolz, sondern bescheidenes Selbstbewußtsein.

Über dem Hin und Her seiner Gefühle kommt Weihnachten heran. Der erste Weihnachtsfeiertag wird diesmal – in jenem Jahr 1796 – beim Pempelforter auf dem Wandsbeker Schloß gefeiert, nach der traditionellen Weise mit Christbaum und Geschenken, mit Freunden und Liedern. Die gesamte Familie Claudius ist dabei, derzeit elf Köpfe, und neben den Brüdern Stolberg, dem Altmeister der Dichtkunst Friedrich Gottlieb Klopstock ist auch Friedrich Perthes geladen. Die Christbescherung macht alle zufrieden – nur einen nicht, der wohl am wenigsten das Recht hat, etwas daran auszusetzen: Friedrich Perthes. Die beiden ältesten Claudius-Töchter haben je einen Muff geschenkt bekommen. Er findet, daß der Muff, den Anna erhalten hat, wertvoller als der Carolines ist. In seinen Augen aber gehörte der, die er bereits herzlich verehrt, das kostbarste Geschenk.

Natürlich gebührt ihm nicht, ein Wort darüber zu verlieren. Wie aber könnte er zeigen, wer ihm der schönsten Weihnachtsgabe wert ist? Da fällt sein Blick auf einen vergoldeten Apfel fast an der Spitze des Tannenbaumes. Schon ist er auf den Hocker, der da steht, gestiegen – Friedrich war nicht eben groß und von feingebauter Gestalt –, mit kühnem Griff erhascht er den Apfel und reicht ihn errötend „der Schönsten". Steht es nicht so in der griechischen Sage? Hat nicht Eris einen goldenen Apfel, der die Inschrift „der Schönsten" trug, vom Olymp hinabgeworfen? – Zwei junge Menschen sind ob der Courage des heimlichen Verehrers so befangen, wie die übrigen Anwesenden verwundert sind. Nur Klopstock lächelt sein weises Alterslächeln und verrät später einmal, daß er den beiden die Liebe schon lange angesehen habe, ehe sie selbst sie geahnt hätten.

Ein Augenblick des Alleinseins mit Caroline macht den jungen Perthes zwar sicher, daß sie ihm zugetan ist, aber das entscheidende Wort wagt er nicht. Vertrauensvoll wendet er sich deshalb an die Schwester seines Schutzpatrons Jacobi und bittet sie, insgeheim Carolines Gefühle zu ergründen. „Gott, mein lieber Perthes, Sie sind doch recht verliebt, und da mein Mut so groß ist wie der Ihrige klein, so sehe ich einer großen Seligkeit für Sie entgegen. Von Caroline selbst konnte ich gestern nichts hören, weil ich sie keinen Augenblick allein sah, aber von ihrer Mutter habe ich dies und das erfahren, was mir großes Vertrauen einflößt, und Caroline war auch so freundlich, als wenn sie etwas Artiges in ihrem Sinn trüge." Diese Antwort muß ihm genügen, die schwerwiegende Frage zu stellen und den entscheidenden Händedruck von der Verwirrten als Zustimmung anzunehmen. Es gibt nun kein Verheimlichen mehr, Caroline bekennt sich sogleich ihren Eltern und mag wohl baß erstaunt gewesen sein, daß Papa nicht so bedenkenlos in ihre Glückseligkeit einstimmt. Matthias Claudius ist überzeugt von den menschlichen und beruflichen Eigenschaften des fünfundzwanzigjährigen Bewerbers. Da aber dessen Existenz noch ungesichert ist, glaubt der Vater, das gute Recht zu haben, diese Tatsache in die Waagschale seiner Entscheidung zu werfen. Doch, hatte Matthias nicht selber einmal, als es bei der Rückkehr aus Darmstadt um seine und seiner Familie Zukunft recht bedrohlich stand, gesagt: „. . . und befiehl du deine Wege!" Sollte das hier nicht auch gelten? Es ist etwas anderes, das ihn viel mehr bewegt – ein ganz selbstischer Grund des Vaterherzens, das nicht recht wahrhaben will, wie so ganz natürlich es ist, daß ein Kind sich einmal aus seinem Vaterhause lösen und sich dem anvertrauen will, den es liebt. Zweiundzwanzig Jahre hat das Elternhaus sein Kind umschlossen, muß er es hinausgehen lassen? Der Wandsbecker Bote ist ganz einfach eifersüchtig. Aber sein nur bedingtes Ja ist doch kein Nein, ist nur ein Aufschieben.

Es ist gut, daß Perthes gerade zur Leipziger Messe reisen

muß. Er geht ganz getrost, denn Carolines ist er gewiß. Er schreibt seinem lieben Mädchen und würfelt dabei das Du und das Sie durcheinander. Es sind Briefe, die sein Glück widerspiegeln: „... Du frommes, treues, gutes Mädchen! Lange, seit meinen Kinderjahren, bin ich dem lieben Gott nicht so gut gewesen als jetzt! Er wird mir nicht böse sein, daß ich ihm eben jetzt so gut bin."

Es ist aber eine weniger erfreuliche Sache, auf solche Briefe keine Antwort zu erhalten, sondern sich begnügen zu müssen. daß statt der Braut der Herr Vater schreibt:

„14. Mai 1797

Lieber Herr Perthes, es ist uns angenehm, daß Sie glücklich und wohl angekommen sind und sich wohlauf befinden und an uns denken. Caroline hat Ihre Briefe aus Braunschweig und Leipzig gern erhalten und gelesen und dankt Ihnen verbindlich dafür. Sie würde auch gerne antworten, sie macht sich aber, da der Eltern Einwilligung noch nicht gegeben ist, ein halbes Gewissen daraus, ihrem Herzen freien Lauf zu lassen, und so will sie lieber gar nicht schreiben und die Antwort bis auf ihre Rückkehr aufheben. Ich kann nicht anders als ihr das sehr gut heißen ... Leben Sie wohl, lieber Herr Perthes, Ihre Sache ist in guten Händen ... Gott sei mit Ihnen

M. Claudius."

In guten Händen – das ist immerhin tröstlich, und aufmunternd ist auch das Nachwort zum Brief, daß nämlich „eine gewisse Person sich wünschet, daß er wieder schreibt".

Nach Perthes' Rückkehr von der Messe Ende Mai kann dann Papa nicht mehr zögern mit der Zustimmung, und Caroline braucht nicht mehr zu sparen mit deutlichen Liebesbezeigungen: „Alles von hier schickt tausend Grüße; aber eine Gewisse schickt einem Gewissen noch etwas ganz Apartes. Addio bis auf einige Stunden ganz und gar Ihre Caroline." Die Liebesbriefe gehen hin und her zwischen Hamburg und Wands-

Caroline Perthes

bek, wenn nicht der Bräutigam lieber die Wanderstrecke dahin unter die Füße nimmt, die einstmals der Wandsbecker Bote ohne eine Ahnung davon marschierte, daß Wandsbek ihm seine Rebecca bescheren würde.

Wie so jüngere Brüder sind – Johannes schwärzt seine Schwester Caroline bei Friedrich an, daß sie nichts finde, wenn sie etwas suche. Darauf Perthes an seine Lina: „Wenn Du auch diese Nicht-Tugend behalten solltest, sie sei Dir verziehen vom Ehe-Herrn, darum, daß Du einmal *nicht suchtest* und doch fandest und Dich finden ließest von dem, der sucht – den Engel, der ihn leiten wollte durchs Leben, der ihn zurückbringen soll zur Einfachheit, zur Ruhe, zur Frömmigkeit, die ihm, dem Suchenden, nicht fremd ist, zu der er aber oft die Haltung verliert." In diesen Zeilen steckt ein gut Teil der Lebensaufgabe, die Caroline in ihrer Ehe einmal erfüllen soll.

Der Pastor, der Caroline bei der Bitte um das Aufgebot ermahnen zu müssen glaubt, daß eine Verlobung ein festes Bündnis sei, das nur vom Konsistorium geschieden werden könne, kommt schlecht an. „Ich sagte ihm", schreibt sie an ihren Aufgebotspartner, „nicht allein das, sondern ich bin schon längst fest gewesen und kann weder von Ihnen noch dem Konsistorium geschieden werden."

Nach alter Sitte wird die Verlobung des Paares als kirchliche Handlung im Beisein von lieben Freunden des Hauses begangen, ebenso wie vierzehn Tage später, am 1. August 1797, die Trauung in der Wandsbeker Kirche. Nach frommem Brauch folgt erst am Tage darauf die fröhliche Hochzeitsfeier.

Caroline ist nun junge Hausfrau im Haus „Hinter dem Breiten Giebel". Hausfrauenschaffen hat nichts Erschreckendes für sie, dazu hat ihre Mutter sie erzogen. Aber da ist die Trennung von allem Liebgewohnten in Wandsbek. Da ist auch noch etwas anderes, was ihr Herz unruhig und das Eingewöhnen in die fremde Atmosphäre schwer macht. In diesem Hause herrscht ein emsiger und geschäftsmäßiger Geist, hier spielt sich der geschäftliche Verkehr bis in die Privaträume ab. Die Hausherrin muß ihre Stellung wahren in diesem großen Haushalt mit Angestellten des Mannes, mit Lehrlingen, die an ihrem Tisch essen, mit den häufig anwesenden Geschäftsfreunden, die bewirtet und manchmal auch beherbergt werden müssen. Nicht ganz leicht für die junge Frau ist es, daß Friedrichs Mutter und Schwester jahrelang im Hause wohnen. Es erfordert Takt und manche Rücksichtnahme.

Wenn die hochgebildeten Männer und Frauen, die in ihrem Elternhaus verkehrten, nun auch in ihrer Häuslichkeit zu Gast sind, weiß sie sich den Ruf als Claudius-Tochter wohl zu erhalten. Sie kommen gern, und sie verweilen gern, die Brüder Stolberg, Friedrich Heinrich Jacobi und mit besonderer Vorliebe die alte Freundin Gallitzin und andere.

Es fehlt aber Caroline der Ruhepol, den sie in Wandsbek an ihrem Vater und seiner sicheren Frömmigkeit besessen hat. In einer Festung des inneren Friedens ist sie aufgewachsen, geborgen im Gleichmaß der Tage. Es macht sie unsicher, daß das jetzt nicht mehr so ist. Auch die unantastbare Liebe zu ihrem Mann vermag die Unruhe in ihr nicht immer zu überwinden. Es ist ihr, als sei verlorengegangen, was sie bisher umhegt hat: der unmittelbare Umgang mit Gott, die bisher so selbstverständliche Versenkung in seine stetige Nähe. Jetzt erfüllt sie die tiefe Sorge, daß dieser Frieden ihr verlorengehen könne in dem weltlichen Treiben, das an sie herangetragen wird. „Tausendmal hat meine Seele mir ausgesprochen, daß ich nicht mehr bin, wie ich war. Früher hielt mich Gott immer an der Hand und leitete mich auf allen Wegen, und ich vergaß ihn nie; jetzt sehe ich ihn nur von ferne stehen und den Arm ausstrecken, den ich nicht ergreifen kann . . . Gott erhalte mir nur bis ans Ende das inwendige Sehnen und Verlangen, und laß mich lieber verhungern, als ohne dem satt werden."

Die Inbrunst einer solchen Sehnsucht ist Friedrich Perthes fremd. Glauben und Frömmigkeit verbinden sich bei ihm mit

dem Willen zur Erfüllung dessen, was jeder Alltag neu aufgibt, denn sein Wesen ist zugleich nach außen gerichtet. Er braucht die rastlose Tätigkeit nicht nur, um vorwärts zu kommen, sondern sie liegt in seinem Wesen verankert. Er ist Geschäftsmann, er muß den Verstand walten lassen, muß mit den Männern seines Berufs und mit seinen Kunden verkehren und sich ihnen aufschließen, auch wenn ihre Gesinnung eine andere ist als die seine. In feinfühligen Worten bejaht er Carolines Einstellung und will ihr das Recht ihrer persönlichen Meinung nicht schmälern. Auf der anderen Seite aber verpflichtet ihn seine Liebe dazu, ihr zu helfen, sich mit der sie jetzt umgebenden Welt vertraut und einig zu machen. Er beruhigt sie darüber, daß äußere Einflüsse sein inniges Gefühl für sie nicht stören könnten, ermahnt sie aber auch, sich nicht in einer frommen Zurückgezogenheit abzuschließen. Seine Briefe an Caroline von seinen Reisen enthalten oft tiefgründige Lebensweisheiten über das Thema, das sie ihr Leben lang beide beschäftigt hat. „Wir sollen nicht los sein praktisch von der Welt ... Selbst unser Herr Christus war nicht los, sondern er ergab sich nur in den Willen seines himmlischen Vaters! Liebe Herzens-Caroline! Das Aufopfern aller natürlichen Bande verlangt Gott nicht, sondern eine Beugung unserer Einsicht unter seine Weltregierung."
Wie hart er oft mit sich gerungen hat um das beständige gegenseitige Verstehen trotz der Verschiedenheit der Charaktere, hat er erst nach Carolines Tod seinen Töchtern gegenüber ausgesprochen: „Meine Caroline hat nicht gewußt und erfahren, wie sehr ich von ihr abhängig war; sie hat nicht fühlen dürfen, welche Opfer ihr gebracht wurden in Überwindung meiner Natur und meines Temperaments, in welchem soviel dem ihrigen Entgegengesetztes war." Eins aber hat sie beide gleicherweise gebunden in der Einheit, die ihre Ehe kennzeichnet: „die zusammenschlagende Innigkeit ihrer Liebe."
Es ist eine Kraftquelle, aus der er immer wieder schöpft in inneren und äußeren Schwierigkeiten mit sich selbst und mit sei-

ner wirtschaftlichen Existenz. Zwei Menschen, die sich nicht wund reiben an der Ungleichartigkeit mancher Empfindungen, sondern daran wachsen, einer am anderen, im Bemühen um die Entfaltung ihres Wesens im Geltenlassen und Vertragen. Carolines geheime Sehnsucht steht ihr Leben lang nach einem stillen, ruhigen Hauswesen und ungestörtem Austausch mit ihrem Lebensgefährten. Die Geschicke in ihrem Dasein gewährten ihr sehr wenig Erfüllung gerade dieses Wunsches. Das liegt nicht nur an Perthes und seiner Rastlosigkeit, mit der er die Bestandsfrage seines Geschäftes immer neu meistern muß, sondern zeit- und weltgeschichtliche Ereignisse in der Zukunft werfen dunkle Schatten auf das Familienleben.

Noch aber sind es zunächst Daseinsforderungen, wie sie anderen jungen Menschen und Ehen auch gestellt sind, die Caroline mehr und mehr ablenken von sich selbst und ihrem Innenleben. Im Jahre 1798 wird das erste Kindlein, Agnes, geboren. Drei Kinder mehr – Matthias, Luise und Mathilde – sind es dann schon, als Friedrich sich entschließt, im Jahr 1805 das an der günstigeren Geschäftsstraße gelegene Haus am Jungfernstieg Nr. 22 zu kaufen. Sie beziehen es, und der rührige Sortimenter richtet einen der „elegantesten Laden in Deutschland" dort ein und bleibt trotz der harten Mühen ums tägliche Leben von unverwüstlichem Optimismus: „in gewaltiger Geldklemme, aber auf sicherem Wege, reich zu werden." Seine Verbindung mit dem klugen und tüchtigen Buchhändler Heinrich Besser bedeutet zugleich Gewinn für die Familie. Er hat nicht nur einen Kompagnon, sondern sie alle haben einen Freund gewonnen. Besser heiratet später Perthes' Schwester.

„Wenn nur keine Leipziger Reisen in der Welt wären!" Dieser Seufzer entringt sich Frau Perthes oft in diesen Jahren, in denen sie immer mehr auf Selbständigkeit gestellt ist und allein ihre Entscheidungen treffen muß über Hausstand und Kinder, wenn der Mann wochenlang unterwegs ist. Die Briefe, die er dann nach Hause schreibt, enthalten immer wieder Geständnisse seiner sehnsüchtigen Liebe; er ist keineswegs nur der kühle Geschäftsmann – auch nicht auf diesen Berufsreisen: „Ich liebe Dich unsäglich! Mein Weib! mein ewig junges Mädchen . . .", oder „Ich bin wahrlich in manchen Stücken ein schwacher, jämmerlicher Mensch, aber in der Demut und in der Liebe bin ich stärker denn Du! Daß Du meine liebe Caroline, mein Stolz, meine Ehre, mein einziger Schatz, mein Weib bist – warum solltest Du das nicht wissen sollen?" Es beglückt die so gefühlsbetonte Frau.

Für sie daheim im Jungfernstieg ist es recht gut, daß Mutter Rebecca und Vater Matthias in der Nähe sind. Er läßt sich sowieso die Besorgungen in Hamburg nicht nehmen und verbindet damit selbstverständlich einen Besuch bei Tochter und Enkeln. Wahrscheinlich ist der Beutel, in dem er seine Einkäufe nach Hause trägt, auf dem Hinweg auch nicht leer gewesen. Die ersten neuen Kartoffeln aus dem Wandsbeker Garten und die Birnen und Äpfel munden natürlich besser als die aus einem Hamburger Laden, man schmeckt ihnen die Heimat und die schenkende Liebe ab. Daß ihm der Weg auch manches Mal beschwerlich geworden ist, schreibt Papa in seinem Silvesterbrief vom

„31. Dezember 1801

Nun viel Glück zum letzten Tag im Jahre, liebe Caroline. Beschließt es in Friede und Freude. Ich wollte heute noch zu guter Letzt in diesem Jahr Euch sehen und sprechen; aber der Schnee und mein dicker Rock zusammen sind zu viel. Sobald der erste etwas niedergetreten ist, sehn wir uns. Grüße Perthes und die Kinder, und Gott sei mit Euch und stehe Dir bei, wenn Du Beistand nötig hast.

Mama, die ziemlich wohl ist, grüßt herzlich; so alle Kinder.

Dein tr. V.M.C."

Oftmals wandert die Familie hinaus nach dem dörflichen Ort. Die Kinder können sich da austoben, während ihre Mutter die heimatliche Atmosphäre umgibt. Hier spürt sie mit Freude am deutlichsten, wie sich die inneren Beziehungen ihres Mannes und ihres Vaters immer enger gestalten.

1806. Zehnjähriges Geschäftsjubiläum. Viel hat Friedrich Perthes durch Fleiß und kluge Umsicht geschafft und hat seine Buchhandlung zu einem geistigen Zentrum Hamburgs gemacht. Aber das Jubiläumsjahr ist kein glückliches. Die politischen Ereignisse lassen die privaten Bereiche nicht unberührt. 1810 wird Hamburg von Napoleon dem französischen Kaiserreich einverleibt. Die Hansestadt verliert dadurch ihre Rechte als freie Stadt, und es ergeben sich andere Handelsverhältnisse. Mit vielen anderen hat auch Perthes schwere finanzielle Verluste erlitten, fast alles von dem, was er unter Aufbietung seiner geistigen und körperlichen Kräfte erworben hat. Es ist unmöglich, auf die fälligen Zahlungen seiner Schuldner zu dringen. Wenn nun die meisten Männer in der Wirtschaft jetzt keine große Hoffnung mehr schöpfen und alles aufgeben – Perthes gibt nicht auf, er handelt. Er hat eine Familie zu versorgen, er hat an seiner Seite eine Frau, die im Vertrauen auf seine Entschlüsse auch nicht mutlos wird. Es ist eine Tat, daß ihm gelingt, jetzt dennoch seinem Geschäft noch einmal eine solide Grundlage zu schaffen. Aber noch ist die Zeit der Fremdherrschaft nicht auf immer zu Ende und wird noch manche Bewährung fordern.

Perthes ist aufgeschlossen für die Ideale der Französischen Revolution: Freiheit, Gleichheit, Brüderlichkeit. Er bleibt trotzdem ein kerndeutscher Mann und glühender Patriot. Er gerät daher in Gegensatz zur französischen Besatzungsmacht, und sein persönliches Leben wird von da an immer mehr hineingezogen in die politischen Wirren der Zeit. Den Gang der Ereignisse erkennt er mit Klarheit und begegnet ihnen mit Besonnenheit. Das hat sich später deutlich erwiesen.

Unberührt von der Härte äußerer Wirklichkeiten ist die nie nachlassende Liebe zwischen ihm und Caroline. Sie und seine Familie geben ihm Kraft, weiter zu wirken.

Während die Geschichte draußen abrollt, vollzieht sich gleicher Zeit auch die Geschichte einer Familie. Am 24. November 1806 schreibt Carolines Vater aus Wandsbek: „Sei nicht so verzagt, als ob alle Stützen Dir genommen wären. Die Hauptstütze steht ja noch und bleibt stehen, und bei dieser befinden wir uns am besten, wenn wir sie anfassen ... Auch kann alles noch eine bessere Wendung nehmen. Ich habe darin meinen eigenen Glauben, und die Zukunft wird lehren, ob ich getroffen oder vorbeigeschossen habe." Das dauernde Hin und Her solcher politischen „Wendungen" in diesen Jahren erfordert freilich viel Kraft.

Noch so schwerwiegende äußere Ereignisse können aber ein Mutterherz nicht mehr bewegen als das Erleben im Familiendasein. Freude und Schmerz treffen auch das Haus Perthes. Ein Sohn, Johannes, wird ihm im Jahr 1806 geschenkt. Der im Jahr darauf geborenen zarten Dorothea ist nur eine kleine Lebenszeit gewährt, ehe sie, noch nicht ein Vierteljahr alt, zurückgerufen wird. Zwei Jahre darauf legt Caroline ihrem Perthes das Söhnlein Clemens in die Arme. Sieben fröhliche gesunde Kinder im Hause sind ein Segen, der täglich neu empfangen wird. Das weist sich dann am deutlichsten aus, wenn wieder eines davon zurückgefordert wird in Gottes Ewigkeit. „Es ist ein bitterer Schmerz, ein liebes Kind so weit entfernt zu haben, aber Gott wird mein Sehnen, Hoffen und Glauben wahr machen und mir wiedergeben, was mir Tag und Nacht fehlt und was ich so von Herzen gern behalten hätte." Das ist wohl nicht zeitlich und irdisch gemeint von der Mutter, als Johannes, dreijährig, stirbt; und doch wird ihr die Geburt von Eleonore, die vorläufig die Reihe der Perthes-Sprößlinge beschließt, im nächsten Jahr ein Trost. Sorgen um leichte und schwere Krankheitstage teilt Caroline mit allen Müttern der Welt, nur daß die Beunruhigung häufiger, je größer die Schar ist.

Es sind beglückende Tage, als eine erste größere gemeinsame Reise das Ehepaar mit den vier ältesten Kindern im Sommer 1810 ins Thüringer Land, in Perthes' Heimat, führt. Jetzt hat ihn Caroline endlich einmal für sich und losgelöst von geschäftlichen Pflichten. Die Schönheit des Thüringer Waldes um Schwarzburg macht sie so froh wie das Erleben der herzlichen Freundschaft, mit der ihr Friedrich überall aufgenommen wird bei seinen alten Freunden. – Für lange Zeit letzte sorglose Wochen.

Hamburg eine französische Stadt: Es folgen Jahre, angetan zum Verzagtsein. Für die Familie Perthes beschränken sich die Sorgen nicht allein auf die Willkür der Besatzung – es kommen für Caroline noch schwere persönliche Lasten und harte Prüfungen und Ängste hinzu. Friedrich stellt seine deutsche Gesinnung unter Beweis – unter dem ständigen Wechsel von Hoffnungen auf Befreiung und erneuter Feindbesetzung der Stadt eine nicht leicht durchführbare selbstgestellte Aufgabe. Die auf seine Veranlassung gegründete Bürgerwehr wird aufgelöst, er ruft sie zu heimlichen Übungen in seinem Hause zusammen. Kein Wunder, daß er bald auf der Liste der Verdächtigen steht, von der er auch nicht wieder gestrichen wird bis zur endgültigen Befreiung der Stadt. Welche Belastungen für ein Frauengemüt! Als sich am 24. Dezember 1812 das Gerücht von der Vernichtung der Großen Armee verbreitet, feiern die Hamburger Bürger fröhliche Weihnachten.

Dem Abzug des größten Teils der Besatzung Anfang des neuen Jahres folgen nur zu bald neue Angriffe auf die Elbinseln und Hamburg. Die Schrecken durch die Beschießung der Stadt ballen sich mit den persönlichen Schicksalen der Familie Perthes zu schwer zu ertragenden Spannungen zusammen. Es ist mehr als nur eine Episode aus den Erlebnissen jener Zeit, wenn Caroline eine Zeitlang jeden Abend Bretter über das hinter dem Haus vorbeifließende Wasser legt und den Schlüssel zur Hintertür unter ihrem Kopfkissen verwahrt – es ist ein Stück Herzensangst um den Mann, dem sie den Fluchtweg offenhalten muß. Was er geleistet hat im Dienste der Stadt, zunächst in der Schreckenszeit zu ihrer Verteidigung und in den Jahren danach noch in aufopferungsvoller Tätigkeit zur Milderung des maßlosen Flüchtlingselends, ist in den Annalen der Hansestadt verzeichnet.

Wie oft mag das in seinem Herzen aufgebrochen sein, was er einmal in den Maitagen 1813 zu Caroline ausgesprochen hat, die nicht immer ganz frei von Vorwürfen ist, daß er zuviel an das Gemeinwohl denke und zuwenig daran, daß er eine Familie habe. Er aber prüft sein Gewissen: „Liebe Herzens-Caroline! Ich bitte Dich aus Grund der Seele, faß Dich, und stelle Dich und mich in Gottes Hände – und nächstdem vertraue Dich mir an, und glaube, daß ich tue, was ich vor seinem Richterstuhl verantworten kann." Sie denkt an die Gefahren, denen er sich aussetzt, sie sorgt sich darum, daß er sich aufreibt, wenn er kaum einmal daheim ist, seit die neue Bürgergarde aufgestellt ist, und er „einundzwanzig Nächte nicht mehr zu Bett und aus den Kleidern gekommen ist". Es ist ihr auch keineswegs leicht geworden, allein mit den vier größeren Kindern im Haus zu sein. Die drei jüngsten mit der Amme des erst acht Monate alten Bernhard hat sie bereits in die sichere Obhut der Großeltern gegeben. Alle Bekannten haben mit ihren Familien die Stadt längst verlassen. Kein Mann im Hause, Stunde um Stunde aber Angehörige der Bürgerwehr, die nur etwas zu essen oder zu trinken begehren oder in der mit Strohsäcken ausgelegten Stube bei Tage oder bei Nacht eine Stunde ruhen wollen. Da schlafen auch die Kinder, denn Betten, Bettzeug und Leinenwäsche hat Caroline vorsorglich mit nach Wandsbek in Sicherheit gebracht.

Und dann stehen Mutter und Kinder mit brennenden Augen auf dem Altan und forschen angsterfüllt unter den Verwundeten, die täglich unten auf der Straße vorbeigetragen werden. Ob nicht der Vater oder ein lieber Freund dabei ist? Die Tage des bittersten Leidens nehmen erst ihren Anfang, als die tapfere Frau Perthes, die wieder guter Hoffnung ist, mit den Kindern dann doch auch das Haus verlassen und sich auf den Fluchtweg begeben muß. Am 28. Mai läßt Friedrich ihnen die Anweisung zukommen, daß sie die Stadt sofort verlassen müssen – es ist keine Sicherheit mehr da. Caroline steckt seine Briefe und die silbernen Löffel ein, ergreift zuletzt noch – fast sinnlos gegenüber den Werten, die alle zurückbleiben – die schöne große Decke vom Flügel: „es gibt einen wollenen Rock". Ohne Lebewohl vom Vater, ohne Geleit wandern sie zum Tor hinaus, die Landstraße nach Wandsbek hin – aufs Ungewisse.

Wenige Tage der Ruhe dort für die angespannten Nerven. „In Gottes Namen" – das sind die wenigen, immer wiederholten Worte, in denen Caroline Kraft sucht, als neue Gefahr es notwendig macht, auch das elterliche Haus zu verlassen. Unerwartete Kunde von ihrem Mann: zwölf Hamburger Bürger sollen erschossen werden, unter ihnen ist der Buchhändler Friedrich Perthes. Die Familien gelten als Geiseln, wenn man die Rebellen nicht ergreifen kann. Wieder werden Betten und Bettzeug gepackt und auf einen offenen Wagen geladen, die Kinder und die Mutter setzen sich dazu. Es darf nicht aussehen wie Flucht. Eine Mutter mit sieben Kindern geht ins Ungewisse. Auguste Claudius begleitet ihre Schwester. Nur, wer einen solchen Abschied aus dem Elternhaus selber einmal erlebt hätte, könnte wohl ermessen, welche Gefühle auf beiden Seiten die Herzen bewegen. Als das von Perthes bestimmte erste Ziel ihres Fluchtweges erreicht ist, finden sie in zwei kleinen Bauernstuben auf dem Gut Nütschau des Grafen Moltke zwei leere Bettstellen vor – zwei leere Bettstellen für acht Personen! Mantelsäcke und Decken, am Boden ausgebreitet, dienen den total übermüdeten Kindern und den zwei Frauen zur Schlafstätte. Ein paar Worte nur hat die abgekämpfte Mutter auf einen Zettel gekritzelt an diesem 30. Mai 1813:

„Lieber Papa und Mama! Ich kann Euch nur noch eine gute

Nacht wünschen, denn ich bin an Leib und Seele so müde und matt, daß ich weder denken noch schreiben mag. Wäre mein Perthes hier heut gesund angekommen, wie ich gehofft habe, so hätte ich, glaube ich, all mein Leid vergessen. Ich bin überhaupt noch versteinert, und mir graut fürs Auftauen. Mir ist den ganzen Tag, als wenn einer gestorben ist und ich nachgeblieben und nachsehe. Gott helfe jedem armen Menschen, der über diese Angelegenheit in Leibes- und Lebensnot kömmt..."

Welche innere Befreiung, als unerwartet der flüchtige Mann zu ihnen gelangt. Caroline atmet auf, nun kann keine Schwierigkeit sie mehr quälen, keine Angst sie überfallen. Sie ist nicht mehr allein! Welch tiefes Erschrecken aber, als noch am gleichen Tage Johannes Claudius die Warnung zuträgt, daß sein Schwager von Gendarmen gesucht wird. Wieder muß er die Familie verlassen. Wohin? Niemand darf es erfahren, selbst Caroline nicht. Ihr Weg aber geht weiter, zunächst zu ihres Vaters Bruder nach Lütjenburg. Ein paar glückliche, frohe Tage sind dort in der liebenswerten Arztfamilie wenigstens den Kindern beschieden, die noch unbeschwert von nahen Zukunftssorgen sind.

„Dies ist kein Gedicht, sondern Tatsache", sagt Caroline Perthes in einem späteren Bericht an eine ihrer Schwestern von den achtzehn Wochen, die sie bis zum September des Jahres in Aschau in der Nähe von Eckernförde verlebt hat. Weit draußen, nahe dem Ostseestrand, finden sie Unterkunft auf dem Meierhof der alten Freunde Reventlow, weit entfernt von anderen menschlichen Behausungen. Jede Nähe wäre auch gefährlich, selbst ihren Namen Perthes vertauschen sie mit dem „von Aschau". Ein Jagdhaus im Garten wird hier ihre Behausung. Der große Saal mit zwölf Fenstern vom Erdboden bis zum Dachfirst ist gewiß repräsentabel und lustig hell, wenn eine vergnügte Jagdgesellschaft da Tafel hält; aber der Seewind pfeift auch durch die Ritzen, und die Feuchtigkeit der Seenähe macht sich in den Wänden bemerkbar, wenn man da im Alltag wohnen muß. Zwei anschließende kleine Kammern und eine außerhalb gelegene Küche ergänzen die „Wohnung" für zehn Personen. Vier kupferne Töpfe, eine zinnerne Terrine, die der Pächter ihnen leiht, genügen für das wenige, das sie zu kochen haben; eine Anzahl Teller reicht notdürftig für die, die davon essen wollen. Milch und Butter erhalten sie vom Gutshof, aber Obst und Gemüse vorenthält ihnen der Pächter entgegen der Anweisung Reventlows. Die Kinder verzehren die abgezogenen Schotenhülsen. Die Gegend freilich ist wunderschön, Agnes und Auguste wandern oft den Weg am Strande über die bergige Küste, an kleinen Fischerdörfern vorbei nach Eckernförde zum Einkauf. Es macht ihnen Vergnügen, ebenso wie die Kleinen sich daran freuen, wenn sie am Ufer Muscheln suchen und die sanften Wellen über die nackten Füßchen spülen lassen.

Eines Tages kehrt der Vater zu ihnen zurück, und jetzt kann keine Unbequemlichkeit und keine Entbehrung Caroline mehr schrecken. Sie weiß den geliebten Mann aus Gefahren geborgen, sie sind beieinander. Die so notvolle Wohngelegenheit, die Beschränkung ihrer Lebenshaltung werden ganz und gar unwichtig vor diesem Glück. Alle Zukunftssorgen scheinen gebannt von der Dankbarkeit gegen Gottes Güte, die sie zusammengeführt hat. Nichts gilt ihnen höher, nicht Heim und Heimat und Vermögen, die gänzlich verloren scheinen. Perthes arbeitet in diesen Wochen an der Ordnung seiner geschäftlichen Angelegenheiten, soweit es ihm ohne Unterlagen möglich ist.

8. Juli 1813. Niemals vergessen die Eheleute diesen Tag, an dem sie unter den dunklen Tannen draußen im Garten gestanden haben, um wieder Abschied zu nehmen. Abschied abermals auf Leben und Tod. Es ist ja nur ein Vorwand, wenn Friedrich sagt, daß er sich um die Zukunft der Familie kümmern müsse; Caroline ahnt es wohl, daß ihn diese zwar

stark bewegt, mehr jedoch noch die Verantwortung seines vaterländischen Gewissens ihn drängt, sich dem Wohl der Heimatstadt und des Landes zur Verfügung zu stellen. Lange genug ist er fern geblieben. Leiser Zweifel regt sich im Herzen der liebenden Frau: „Ob Du recht oder Unrecht an uns tust, Dich wieder in neue Gefahr zu begeben, wage ich nicht zu sagen", schreibt sie ihm einen Monat danach, fügt aber hinzu: „Ich weiß es von Dir, daß Du mit Deinem Gott und Deinem eigenen Herzen darüber zur Ruhe und ins Reine bist, ehe Du es getan hast; und das ist mir genug, um zu schweigen." Wieder hat sie das harte Los getroffen, die Ängste und Qualen um das liebste Leben zu tragen. „Von diesem Abschied an", sagt später die damals sechzehnjährige Agnes, „keimte in meiner Mutter die Krankheit, die ihren Tod brachte." Der Mann, der ihr diesen Abschied nicht ersparen kann, nennt ihn die „schmerzlichste Trennung seines Lebens".

Entspannung bedeutet es dann erst, als sie ihn in Mecklenburg und damit zunächst „out of reach der bewußten Klauen und jenseits des Meeres" weiß. Dort beginnt dann seine rastlose Tätigkeit für die Versorgung der Tausende von Flüchtlingen aus den Hansestädten. Vor seiner Überfahrt, noch von Heiligenhafen aus, antwortet er der Mutter, die von schmerzlichen Fragen bewegt wird:

„Heiligenhafen, 10. Juli 1813

... Liebe Caroline! – Du wolltest, im Fall mir ein Unglück begegnete und hier auf Erden es ein Ende hätte, gern wissen, was mit den Kindern werden sollte? Dir habe ich gesagt, daß ich Dir vertraute! – Deinem Verstand, Deiner Kraft, Deiner Liebe – und Gott bitte ich, daß er Dir gebe, was Du nicht immer hast: Ruhe! ..."

Das tapfere Echo auf solches Vertrauen:

. . .

Perthes, mein lieber Perthes, Deinen leisesten Wunsch wahr-
zumachen, wenn ich den Jammer erleben sollte, ohne Dich
auf der Welt zu sein, wird die einzige Freude sein, die ich
mir dann noch denken kann. Sage mir doch mehr, damit ich
tun kann, was Du willst. Ich kann nicht glauben, lieber Perthes, daß Du wirklich glauben kannst, daß ich kein Vertrauen zu Gott habe. Ich habe den festen Glauben zu mir,
daß das niemals werden kann, aber ich kann nicht immer mit
Freuden wollen, was Gott will, und ohne Tränen und ein
verwundetes Herz kann ich Dich nicht fahrenlassen . . ."

Wer wollte diese ehrliche Äußerung selbst eines glaubens-
festen Herzens in seiner Bedrängnis nicht verstehen können?
Nur kurze Zeit ist es ihnen vergönnt, sich wenigstens durch
Briefe begegnen zu können, dann folgt ein zehn Wochen lan-
ges Warten auf Nachricht hin und her. Sorgen um Krankhei-
ten der Kinder in diesem regnerischen Sommer drücken um
so mehr, weil man ihnen so schwer entgegentreten kann. Die
kärgliche Ernährung ihrer Lieblinge schmerzt die auf sich
allein gestellte Mutter. Dazu kommt die zunehmende Last
der Schwangerschaft – das alles beugt ihren Mut sehr, und es
ist kaum zu begreifen, wie sie dennoch durchgehalten haben
mag. Agnes bezeugt, daß sie manche Stunde im Keller unter
dem Wohnraum mit Gott im Gebet allein geblieben ist. Ihr
Mann traut ihr nicht nur viel zu, er mutet ihr auch viel zu.
In die dunklen Stunden und Tage dieses schweren Jahres
1813 hat Gott auch helle Lichter gesetzt. Eines Tages tut sich
die Türe auf, und das alte Dienstmädchen der Familie fällt
Frau Perthes sogleich um den Hals: „Ich will keinen Lohn,
ich will nur bei Ihnen und den Kindern bleiben." Nachbar-
liche Familien besuchen die Einsamen und sind der Mutter
ein großer Trost, nicht nur, weil sie den Kindern Kuchen mit-
bringen. Die einheimischen schlichten Menschen achten die

Not dieser tapferen Frau und sind ihr freundlich gesinnt und sind hilfsbereit. In einem Fischerdörfchen kommt eine alte Frau auf Frau von Aschau (Perthes) zu mit so viel Brotschnitten, als sie Kinder gezählt hat: „De lütten Kinner hebt hüt morgen doch wohl noch nix to eten kregen."

Die Älteren ahnen wohl etwas von der verborgenen Herzensnot der Mutter, die ständig um das gefährdete Leben des Vaters bangt. Als Mutter ernstlich erkrankte und ein Arzt aus dem fünf Stunden entfernten Kiel geholt werden mußte, geht er mit der strengen Anweisung fort, daß der Aufenthalt in Aschau nicht mehr länger als die Sommermonate überdauern dürfe. Wird es dem Vater gelungen sein, die Übersiedlung nach England einzuleiten? Werden sie nach Schweden gehen, wenn die Rückkehr nach Hamburg nicht möglich ist? Es war so von ihm erwogen. Ungewißheit quält.

Ihr Zustand — sonst eine Quelle reiner Mutterfreude, schreckt Caroline diesmal im Blick auf ihre schwere Stunde so sehr, daß sie Friedrich einen Vorwurf nicht erspart. „Mich und meine Lage siehst Du nicht, wie sie ist in Deiner Tätigkeit und Hoffnung", schreibt sie im August an ihn, „und für Dich ist es gut. Gott sieht mich und seine Nähe habe ich, sonst bin ich aber auch ganz fertig; auch etwas an Dir verzagt, mein Perthes, und ich glaube mit Grund..." Sie bleibt ohne Nachricht von ihm von Anfang August bis Anfang Oktober, und auch ihn erreicht vier Wochen keine Zeile der geliebten Frau. Briefe werden geschrieben, aber sie erreichen die Empfänger nicht.

Carolines begreiflicher Verzagtheit stehen Zeugnisse ihrer wackeren Gesinnung gegenüber, denn im Grunde stimmt sie ja Friedrichs Handeln zu: „Gott, den Herrn, der mir mehr ist als Du, nehme ich zum Zeugen, daß ich nicht will, was Du nicht darfst"; ein andermal bekennt sie sich mit Stolz zu seinem Handeln: „In Hamburg soll eine Generalamnestie ausgekommen sein, wovon aber dreißig ausgeschlossen sind; unter diesen bist Du mit. Viel Ehr für mich in Wahrheit."

Trotz mancher dunklen Stunde des Kleinmuts hat diese beherzte Frau niemals das Vertrauen verloren, hat Besonnenheit in allen Lagen gewahrt und zeigt sich – oft auf sich allein gestellt – ihnen gewachsen.

„Nun hast Du für mein Leben nicht mehr zu fürchten, da ich auf friedlicher Laufbahn bin." Diese Nachricht hätte Caroline in den folgenden Wochen über vielfältige Sorgen hinweggehoben – wenn sie rechtzeitig in ihre Hände gekommen wäre.

Noch ehe die Familie die Entscheidung des Vaters erhalten hat, daß er sie nach Kiel haben wolle, ist der eigene Entschluß gefaßt, dahin zu gehen. Ein Freund des Hauses hat Frau und Kindern Perthes dort eine Wohnung in der Vlämischen Straße eingerichtet. Es ist ein angenehmes passables Etablissement, nur – daß so viele Personen Platz darin finden sollen! Drei Stuben – nach der Straßenseite – zwei Kammern, die Küche für zehn Personen! Diese Zahl wird sich bald noch erhöhen! Die Zimmer liegen im dritten Stock des mit Menschen vollgepfropften Hauses in jenen beängstigenden Tagen des erneuten Vormarsches der Franzosen. Es ist gut da oben zu sein, wo die Umtriebe der Soldateska weniger zu spüren sind. Die hinteren Räume der Wohnung beziehen eine Zeitlang die Großeltern Claudius, die Wandsbek schon lange verlassen mußten und sich auch auf Fluchtwegen befunden haben.

Wie mag Caroline erleichtert gewesen sein, als ihr Vater ihr geschrieben hatte, daß er und Mama ebenfalls nach Kiel kommen wollten: „Mutter hat, wie gesagt, dies lange gewünscht und gewollt und wird Dir zum Trost und zur Hilfe sein. Wenn nicht als erste Person, die Du so in Kiel haben kannst, so doch als zwote, die Dir die Kissen zurecht legt, Dir den Kopf hält und Dir das Herz durch Mutterliebe mutig und freudig machen wird." Als dann aber ihre Älteste mit Dankbarkeit am 16. Dezember ihr zehntes Kind, einen gesunden Jungen, im Arm hält, kann Mama sie nicht pflegen, denn Großvater Matthias ist krank und sie selber sehr elend. Agnes wacht zwei Nächte bei der Wöchnerin. Das Neugeborene soll Andreas heißen, Caroline fügt den Namen Traugott hinzu. Der Not gehorchend, muß eine Amme vom Lande mit ihrem eigenen Kind nun auch noch in die beschränkte Wohnung aufgenommen werden. Die Claudius-Großeltern siedeln in die Schloßgasse um.

Erster Weihnachtstag 1813. Dämmerung liegt über der Wochen-Kinder- und Wohnstube. Da tut sich die Tür auf, Friedrichs Augen suchen die Liegestatt mit seinem dankbar-frohen Weib. Dieser überwältigend glückliche Augenblick gleicht alle bitteren Stunden aus. Als Perthes am Neujahrstag wieder hinausgehen muß, kann ihn Caroline diesmal ohne Sorge um sein Leben ziehen lassen. Was ihr in Kürze auferlegt wird, ahnt sie nicht. Der kleine Bernhard, dieses besonders glücklich veranlagte, lebensfrohe Bübchen, wird – noch nicht einundeinhalb Jahre alt – nach kurzem Diphtherieanfall im Januar heimgerufen. Die Mutter zeigt sich hier nicht als echte Claudius-Tochter. Sie hat ihr lebelang nicht von ihrem Schmerz um ihn loskommen können, trotz ihrer besseren Einsicht nicht, mit der sie ihres Vaters Mahnung annimmt. Er spricht ihr tröstend zu, Gott habe ihr den holden Knaben gegeben, damit sie ihn eine Zeitlang in ihren Armen halte und sich an ihm freue, und daß Gott ihn wieder zu sich nahm, damit er bewahrt bliebe vor der Welt und ihren Dornen. Noch viele Jahre später spricht sie es aus, daß sie Gott alle Trübsale ihres Lebens willig abzunehmen imstande sei – nur den Tod ihres geliebten Bernhards nicht.

Von unbestimmter Ahnung getrieben, ist Friedrich Perthes am 20. Januar nach Kiel zurückgekehrt und tritt mit den Worten in die Stube: „Seid ihr alle wohl?" An der Bahre des Kindes bricht der starke Mann zusammen, und erst nach vierzehn Tagen kann seine geprüfte Frau, die diesmal die Stärkere ist, mahnen, zu seiner sozialen Tätigkeit zurückzukehren, wo er dringend gebraucht wird. Nach einem Sturz mit dem Pferd kehrt er freilich bald darauf mit gebrochenem Bein zurück. Dies und ein Nervenfieber dazu, bannen ihn neun Wochen ans Bett. Ein Glück, daß er ein so geduldiger und zuversichtlicher, niemals klagender Patient auf dem nicht sehr bequemen Krankenlager ist in dieser höchst unruhigen Umgebung. Sein alter Optimismus ist geblieben, aber jetzt unterbaut von Claudiusschem unanfechtbarem Gottvertrauen.

Perthes muß um seiner Tätigkeit willen in der Nähe von Hamburg bleiben und will sich von seiner Familie nun nicht mehr trennen. So ziehen sie Mitte April nach Blankenese. An Friedrichs Geburtstag ist der hochgepackte Frachtwagen entladen, und sie sind „in ihrem kleinen Spielhaushalt" schon notdürftig in einem Fischerhäuschen eingerichtet. „Diese sechs Wochen in Blankenese sind der Konfekt meines Lebens gewesen", das ist die Quittung Carolines auf diesen ersten Schritt, wieder eine feste Heimat zu gewinnen. Bedrükkend ist nur der Strom der vorüberziehenden Flüchtlinge, die nach Hamburg zurückstreben – wo sie zwar die vom Feind entsetzte, befreite Stadt finden werden, wo auf sie persönlich aber das Nichts wartet. Eigene Sorge lastet, als Mutter auf einem Spaziergang plötzlich ein Brustkrampf überfällt – erster erkennbarer Beginn des schweren Leidens ihrer letzten Lebenszeit.

„Unser wartet eine saure Zeit, wenn's am besten geht. Gott erhalte mir nur Perthes und gebe ihm Mut und Kraft." Saure Wochen, unsagbare Mühen, unaufhörliche Sorgen stehen ihnen beiden bevor. Der Buchhändler muß bei seiner Rückkehr nach Hamburg sein Geschäft von Grund auf neu aufbauen, wenn er auch ein gutes Teil seiner ehemaligen Lagerbestände wiederfindet. Freunde haben viel für ihn gerettet.

Die Hausmutter aber findet nichts vor außer verwüsteten Räumen, unglaublichem Schmutz und Unrat. Sie muß ihre ganze Tatkraft zusammennehmen, um bis zum Winter einige gemütliche, bewohnbare Räume zu schaffen. Eine frohe Erfahrung wird ihr zuteil an der Treue ihrer ehemaligen Hausangestellten. Sie kommen freiwillig zurück und fügen dem, was andere Hamburger Bürger vom Perthesschen Eigentum nach und nach schon zurückgebracht haben, noch einiges hinzu. Sogar die Ehebetten finden sich nach einem halben Jahr wieder ein!

Anfang Dezember 1814 bewegt Caroline ihre Eltern, aus Wandsbek nach Hamburg zu ziehen, der Wandsbecker Bote ist auf dem letzten Wege. Schon im Oktober hat er den Kindern auf eine herzenswarme und originelle Weise einmal gedankt für alle Fürsorge, die sie ihm angedeihen lassen:

„den 11. Xbr. 1814

Liebe, liebe Line und lieber Perthes,

ich danke und danke, komme aber doch auf keinen grünen Zweig. Denn wenn ich meine, daß ich mir den Kopf aus den Gewässern der Generosität trocken gemacht habe, so schüttet Ihr wieder einen Plöner See über Nase und Ohren, darin man am Ende still und ruhig liegen bleibt, weil doch an kein Herauskommen zu denken ist. Das Kanapee ist ja ganz vollständig und vortrefflich, was sollen wir dazu sagen. Ich will mich oft darauf legen und an Euch denken und Gutes für Euch von Gott erbitten.

Adde, adde   M.C."

Matthias Claudius' Heimgang im Januar 1815 reißt eine Lücke in den großen Familienkreis, die von keinem anderen ausgefüllt werden kann. Doch alle, die um ihn waren in seinen letzten Lebenswochen, sind reicher geworden und fester im Glauben an das Endziel alles Daseins. Caroline steht ihrer Mutter bei und ahnt noch nicht, wie sie selber deren Hilfe noch einmal brauchen wird. Mit fröhlicher Gewißheit geht sie in die letzte ihr geschenkte Lebenszeit hinein und weiß nicht, daß sie kurz bemessen sein wird. Ihr Leiden nimmt immer stärkere Formen an.

Dennoch sind es Jahre, in denen ihre Gattinnen- und Mutterfürsorge nie erlahmt. Sieben Kinder fordern sie nicht vergeblich, und Friedrich bekommt es ausdrücklich gesagt: „Du bist doch Du und behältst immer einen Vorsprung." Die Erfüllung ihres immer wieder dringlichen Wunsches wird ihr jedoch auch jetzt nicht zuteil: „Ich stelle es mir unbeschreiblich vor und sehne mich von Herzen danach, mit meinem alten Perthes so ein ruhig ungestörtes Leben zu haben und ordentlich mit ihm sprechen zu können, ohne daß er Zahlen schreibt und Geld zählt", bekennt sie noch im Jahre 1820. Doch auch von ihm, der zweimal die Existenz der Familie aufbauen mußte, ist ja dasselbe Opfer verlangt. Ohne daß er Zahlen schreibt und Geld zählt – dahinter steckt nicht nur Carolines Verlangen, sondern auch ihre nicht unbegründete Sorge, daß er sich am Übermaß der Arbeit aufreiben könnte. Über allem, was unerfüllt bleibt, steht als der entscheidende Akzent in diesem Eheleben Carolines schlichtes Wort, daß „ihr Liebhaben keine Jugend und kein Alter habe und ewig sei".

Mittlerweile muß nun die Mutter, deren Dasein von den ersten Ehejahren an mit Mutterfreuden und Muttersorgen ausgefüllt war, lernen, Verzicht zu leisten. Die Kinder waren die Freude all der Jahre, die Kinder waren Trost in Trübsal. An ihrem einundzwanzigsten Hochzeitstage meint sie nun, daß dies „der erste sei, wo es wieder rückwärts geht und sie angefangen hat, wieder herzugeben und loszulassen". Sie nimmt es als die natürliche Forderung an jede Mutter. Ihre älteste Tochter Agnes hat sich mit ihrem Vetter, dem Sohn von ihres Vaters Bruder vermählt, der in Gotha dessen Buchhandlung übernimmt. Die Zweite, Luise, heiratet bald darauf den Juristen Agricola und zieht mit ihm ebenfalls nach Gotha. Der älteste Sohn Perthes' geht 1819 an die Universität Tübingen, um Theologie zu studieren. Freilich bedürfen noch vier Kinder im Haus der täglichen Umsorgung mit den kleinen Alltagsmühen. Krankheitstage kommen, leichte und schwerere und sehr schwere, als die Eltern Clemens bei der Rückkehr von einer Reise nach Gotha todkrank antreffen.

„Mein lieber Sohn, lies oft die Briefe Deiner Mutter, sammle Dich an ihrer Frömmigkeit", schreibt Perthes an seinen Ältesten, Matthias, nach Tübingen. Carolines Briefe an ihre Kinder sind Fundgruben von Lebensweisheiten und Glaubenswahrheiten. Diese Mutter lebt mit ihren Kindern in der Ferne, indem sie sich in jedes einzelne versenkt. Wenn Kinder die Hände und Füße ihrer Mutter nicht mehr brauchen, so brauchen sie bewußt oder unbewußt ihr Mitsorgen, ihr ganzes, nie zu erschöpfendes Herz. Und eine Mutter bedarf wiederum auch ihrer erwachsenen Kinder, denn wenn ihr Leben erfüllt und glücklich bleiben soll, so kann sie nicht auskommen, ohne daß sie Anteil nehmen darf, um Rat gefragt wird, helfen kann. Caroline wird gebraucht! Eine Mutter kann eingreifen in Glaubenszweifel, wenn sie ein feines Verstehen hat für das Angefochtensein des jungen Menschen. Caroline macht Matthias getrost darüber, daß zu seiner Zeit die rechte Ansicht und Einsicht über Gott und Glauben kommen werde, niemand ihm jedoch dabei helfen könne, er selber müsse Gott suchen und finden. Sie gesteht, daß sie selber auch viele Jahre darüber in Not und Verlegenheit gewesen sei. Sie kümmert sich aber auch um die Alltäglichkeiten und mahnt, daß er seine Stube sauber halten, die Fenster fleißig öffnen und „am Morgen nicht einige Stunden halb angezogen mit niedergetretenen Schuhen herumschlingeln" solle.

Auch die verheirateten Töchter lassen sich gern Ratschläge über Haushaltführung, Kochrezepte und dergleichen erteilen. Man braucht das ja in junger Ehe. Dankbar ist ihr Luise, die in eine gewisse Unsicherheit geraten ist, weil sie zuweilen mit ihrem Agricola gar zu verschiedener Meinung ist: Die Mutter weiß sie zu ermutigen, denn das hat sie selber erfahren. Auch ihr ist das Verstehen mit ihrem Perthes öfters recht „sauer" geworden; aber immer sind sie zuletzt „zu einem freudigen Ziel gelangt". Die Hauptsache ist – so erklärt sie –, immer wahrhaftig gegeneinander zu bleiben. Zwei Menschen, die sich lieben, treffen dabei auch auf verschiedenen Wegen immer zusammen. Ihrer Agnes, mit der sie der regste Briefwechsel verbindet, legt sie einmal nahe, selbst die kleinen Dinge, wenn sie ihr auch nichtig erscheinen, in ihren Briefen mitzuteilen. Wenn Agnes „Kraut und Rüben auf das Papier hinschüttet", macht ihr das sogar Vergnügen.

Die Kinder sorgen selber dafür, daß liebgewordene Traditionen weiter gepflegt werden. Da ist zum Beispiel „der alte Weihnachtsfreund", der Weihnachtskorb, der in jedem Jahr zum Jubel der Kinder pünktlich aus Wandsbek eintraf. Er enthielt stets Pfefferkuchen nach eigenem Rezept Rebeccas, geziert mit den Namen der Empfänger in Zuckerguß, und obenauf den Zettel des Großvaters „Fröhliche, fröhliche Weihnachten". Ebenso gehen nun die Weihnachtskörbe zwischen Gotha und Hamburg hin und her: „Fröhliche, fröhliche Weihnachten." Am Jungfernstieg wird ausgepackt zu eben der Stunde, wie Agnes es haben will. Der Mahnung an Luise, niemals etwas zu versäumen, wo sie Freude bereiten kann, hätte es vielleicht nicht einmal bedurft, aber es geht auch da um eine Claudiussche Tradition: „Geld muß es ja nicht mehr kosten, als man hat und ausgeben darf, aber ein Herz voll guten Willens macht, daß auch eine Kleinigkeit tiefer eindringt und Freude macht."

„Nur ich allein wußte, wie krank sie war, welche Leiden ihr zugemessen waren", so sagt es Friedrich Perthes später einmal aus. Es waren die Leiden, die zu ihrem frühen Tode führten; seit den stetigen Überforderungen in den Monaten ihrer Flucht im Jahre 1813 ist Caroline nie mehr ganz frei von Schmerzen. Eine Nervenschwäche in Verbindung mit einem Herzleiden, dessen physische Ursache nie ganz erkennbar geworden ist, quält sie oftmals mehr, als sie die sie umgebenden Menschen spüren läßt. Bis zuletzt herrschen „ihre freundliche Liebe und die Kraft ihres Geistes" – über die körperlichen Unzulänglichkeiten. Unvermindert bleibt ihre Gläubigkeit, und beständig erfüllt sie eine gewisse Zuversicht auf Gottes Gnade.

Vom Jahr 1819 an nimmt ihr Leiden stärkere Formen an und wird sichtbarer nach außen hin. Sie selber beschäftigt sich viel mit der Vergänglichkeit des Menschen und mit dem „kommenden Himmel". Daß ihr Weg nicht mehr aufwärts, sondern abwärts geht, darüber täuscht sie sich nicht. Schwere Herzbeklemmungen treten häufiger auf, und eine ungewöhnliche Reizbarkeit der Nerven schwächt sie. Bei aller Ewigkeitsgewißheit und -freudigkeit ist sie doch ganz der Mensch mit dem natürlichen Verlangen, am irdischen Glück festzuhalten. Noch im August 1821 schreibt sie: „Gott wolle mich doch wieder gesund werden und am Leben lassen, wenn es sein kann; ich habe gar zu große Lust, auf dieser Welt mit Perthes und Euch allen zu sein." Deshalb ist sie auch bereit, jeden Anlaß, sich zu freuen, anzunehmen mit der Dankbarkeit, der sie an ihrem vierundzwanzigsten Hochzeitstag mitten in großen Schmerzen und Schwäche Ausdruck gibt: „Ich will lieber ein Freudenlied singen. Und wie gern tue ich das, da ich doch niemals aussingen und aussprechen kann, was mir Gott gegeben hat." Trotzdem gesteht sie auch ein, daß sie zuweilen nicht Herr wird über den Schmerz.

Als dann die Tage gekommen sind, an denen ihr jeder kleine Gang im Garten schon schwerfällt, bringt sie ihr Mann hinaus nach Wandsbek, er will sie herausgenommen wissen aus dem unruhigen und vielseitigen Hauswesen; dazu reichen ihre Kräfte ja doch nicht mehr aus. Die Brustkrämpfe, die bei jeder Bewegung auftreten können, sind dann qualvoll und lassen sie „müde und matt" zurück, wenn sie vorüber sind. Dennoch bleibt sie voller Anteilnahme an allem Geschehen; sogar heiter, wenn in den guten Stunden Mann und Kinder um sie sind. Ihre Hinterlassenschaft für spätere Zeiten ist die: „Dankt Gott mit mir, daß ihr einen solchen Vater habt!"

Sich selber wünscht sie es sehnlich, daß sie dort, im Himmel, ihren Perthes auch behalten und liebhaben darf.

Mit großer Geduld und Treue pflegt die sechzehnjährige Mathilde die schwerkranke Mutter, die so gern ihr Kranksein den Kindern ersparte. Mit wehem Herzen spricht sie es gegen den so einfühlsamen Mann aus: „Mein lieber Perthes! Wie gern, wie gern schriebe ich Dir, daß ich ganz frisch und fröhlich wäre, aber, aber – da gebricht's ... lieb hab ich Euch alle mit dem kurzen Atem so von Herzen wie mit einem langen."

Es ist ihr nicht beschieden, wieder frisch und fröhlich in der Familie zu walten. Sie erlebt es auch nicht mehr, daß Perthes das ausführt, was er schon lange als Plan hegt, sich aus dem Hamburger Geschäft zu lösen. Gesprochen hat er davon nicht viel mit Caroline, um sie vor einer etwaigen Enttäuschung zu bewahren, wenn es nicht sogleich sich verwirklichen ließe. Inzwischen geht sie den letzten Weg.

Am 28. August 1821 ist der Ruf an sie ergangen, schmerzlos darf sie heimgehen. Ihrem Vater war vergönnt, sich lange vorzubereiten, noch letzte Liebe bewußt auszuteilen, Abschied zu nehmen. Ihr ist das erspart, was doch vielleicht bitter für das Mutterherz gewesen wäre – denn noch sind drei Kinder sehr jung! Ein Nervenschlag löscht Caroline Perthes' Leben aus. Über ihre letzte Lagerstätte im Hause am Jungfernstieg sind Ruhe und Ewigkeitsgewißheit gebreitet, wie sie über ihrem Dasein gewaltet haben trotz der Zweifel, des Verzagens und mancher Härten.

Friedrich Perthes bleibt zurück, vom Schmerz des Verlustes getroffen und ergibt sich ihm, doch ohne Bitterkeit. Er hat an Carolines Seite den festen Glauben an Gottes heilsame Wege gewonnen, und er vermittelt ihm Kraft, der Zukunft ohne Caroline ins Auge zu sehen. Er will weiterleben im Festhalten dessen, was bleibt: „die Geliebte in tiefer Liebe und reiner Erkenntnis in der Nähe Gottes zu wissen." Dankbar schaut er zurück: „24 Jahre wurden mir gegönnt zu durchleben mit diesem Reichtum voll Liebe, Geist und Kraft. Dafür sei Gott gelobt."

Mathilde ist jetzt siebzehn Jahre alt. Sie hat sich bewährt in der langen Krankheitszeit der Mutter. Der Vater will ihrer Jugend nicht alle Sorgen um einen noch immer großen Haushalt aufbürden. Dazu kommen ja auch die drei jüngeren Geschwister, Clemens, Eleonore und Andreas. Da muß er schon sehen, selber Zeit zu gewinnen für deren Erziehung. Auch drängt es ihn, seinen Entschluß auszuführen, die unruhige Sortimentertätigkeit aufzugeben, um ein stilleres Leben mit einem weniger ausgedehnten Verlagsgeschäft in Gotha anzufangen. Er beschleunigt jetzt den Schritt und siedelt im März 1822 in die Stadt um, in der seine verheirateten Töchter leben. In einem Brief an Carolines Freundin Luise Stolberg nimmt er gewissermaßen Abschied von der Heimat, die seine und seiner Lebensgefährtin beste und schwerste Lebensjahre gesehen hat:

„Die Tage sind da, in denen ich auf immer Haus und Ort verlassen soll, wo mir, soweit es hienieden möglich ist, der Segen eines inneren Lebens durch Liebe und Geist zuteil geworden ist. Lassen Sie uns festhalten am Glauben, bis auch wir versammelt sind, in den Wohnungen des Friedens und des Schauens."

QUELLENNACHWEIS

Karl Thylmann
Karl Martin: Karl Thylmann. Mensch und Werk. 1957
Gotlinde Thylmann: Karl Thylmann. Zwischen Jugendstil und Ausdruckskunst. 1969
Karl Thylmann: Briefe an Joanna. Hrsg. von Joanna Thylmann. 1919
Karl Thylmann: Gesammelte Werke. Bd. 1 u. 3. 1969
Persönliche Mitteilungen von Frau Joanna Thylmann, Stuttgart

Clara Ragaz-Nadig
Leonhard Ragaz: Mein Weg. Aus vierzig Jahren geistigen Kampfes. 1951
Paul Trautvetter: Clara Ragaz-Nadig. Trauerrede. 1957
Leonhard Ragaz in seinen Briefen. Hrsg. von Dr. Christine Ragaz u. a. Bd. 1. 1966
Walter Rauschenbusch: Die religiösen Grundlagen der sozialen Botschaft. 1922
Persönliche Mitteilungen von Fräulein Dr. Christine Ragaz, Zürich

Katalin Gerö
Katharina Gerö: Erfülltes Leben. 1933
Monika Brass: Frauenherzen – Frauenhände. 1957
Mitteilungen der Széchényi-Nationalbibliothek, Budapest

Selma Lagerlöf
Walter A. Berendson: Selma Lagerlöf. 1927
Ch. Jensen: Selma Lagerlöf. 1947
Maja Petré: Selma Lagerlöf und ihr Heim. 1958
Selma Lagerlöf: Gesammelte Werke. 1928

Caspar René Gregory

Karl Josef Friedrich: Volksfreund Gregory. 1941
Hermann Frankfurth: Caspar René Gregory, ein Bekenner.
In: Zeitwende. Jg. 2. 1926
Franz Spunda: Legenden und Fresken vom Berg Athos. 1962
Erhart Kästner: Die Stundentrommel. 1956
Caspar René Gregory: Zu Fuß in Bibellanden. Aus dem
Nachlaß. 1919
Caspar René Gregory: Grégoire. The priest and the revolu-
tionist. Dissertation. 1876
Archiv der Karl-Marx-Universität, Leipzig

Caroline Perthes

Karoline Perthes im Briefwechsel mit ihrer Familie und ihren
Freunden. Hrsg. von Rudolf Kayser. 1926
Clemens Perthes: Friedrich Perthes. Bearb. von Helene Krü-
ger. 1951
Wilhelm und Agnes Perthes: Aus der Franzosenzeit in Ham-
burg. 1917
Gerhard Menz: Deutsche Buchhändler. 1925
Fotokopien aus dem Staatsarchiv Hamburg, Hamburg

Die Bildbeigaben zu Karl Thylmann stellte Frau Joanna
Thylmann in Stuttgart freundlich zur Verfügung
Porträtzeichnungen: Werner Juza. Porträt von Karl Thylmann
nach einem Selbstbildnis